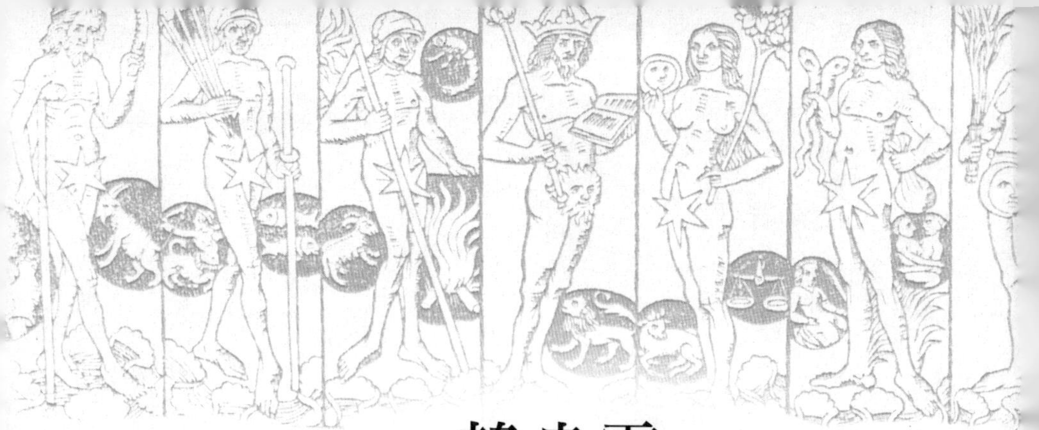

韓良露

生命歷程全占星

謹將本書獻給曹又方女士
沒有她的堅持
全占星書系將不會誕生
如今她正面對生命歷程中最艱鉅的挑戰
願上天賜給她勇氣與恩典
幫助她度過難關

——韓良露

目錄

C·O·N·T·E·N·T·S

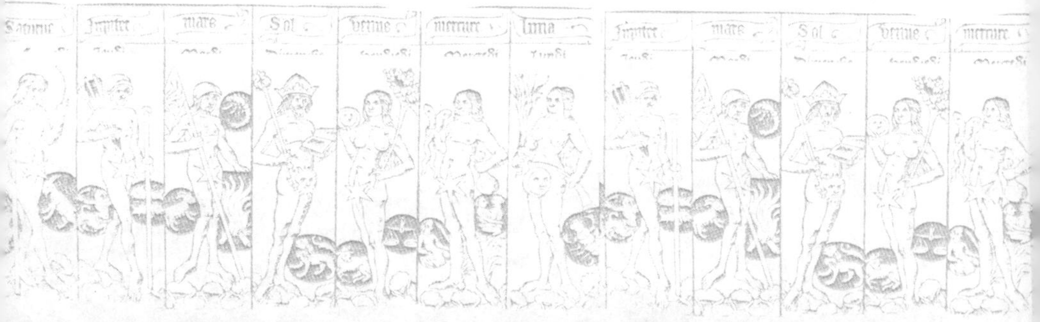

目錄

C·O·N·T·E·N·T·S

目錄

C·O·N·T·E·N·T·S

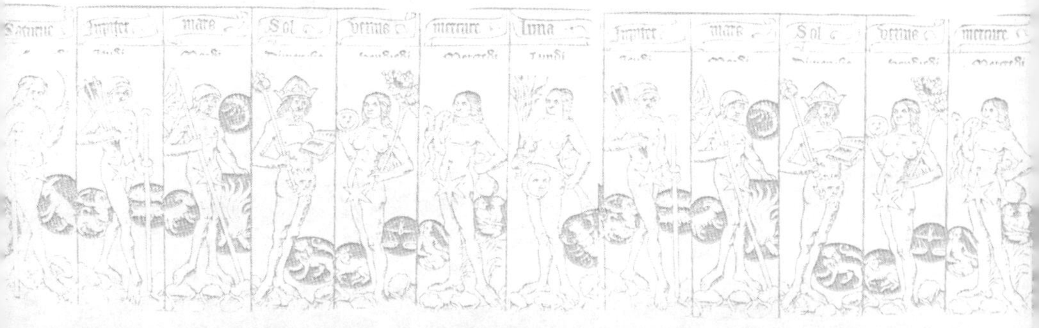

自序

追憶生命歷程中一段美好的「生命回顧」

一九九四年的冬天，當木星在我的誕生星圖循環了三次之時，我送給了自己一個非常別致的生日禮物。我從倫敦飛到布達佩斯，在當地一間附有溫泉浴池的老旅館中，租下了爲期一個月的客房。

當時，東歐熱還沒從布拉格蔓延到布達佩斯，加上深冬白雪遍地，旅館中客人稀少，除了零星的只待三兩天的觀光客外，長期居住的旅客只有我和幾個當時正在當地辦第一份英文報的美國年輕人。

那些美國人忙進忙出，而我則是深居簡出，除了清晨在旅館外的山坡上散步，再不然黃昏時分到旅館著名的羅馬式溫泉浴池游泳外，大部份的時間我都待在客房內，只不時隔著房內的輕紗眺望著眼前濃霧深鎖的多瑙河。

有一天早餐，一個美國男孩忍不住好奇，終於問我究竟在布達佩斯做什麼？問我爲什麼手上總有那麼一大本筆記本，然後不時在筆記本上寫東西。

我隨便應付地回答了他，說我正在寫一個劇本，其實這並不是眞正的答案。就在那一年，我剛決定暫時不再寫劇本了，那一年的春天，我用筆名投稿，只寫了四天的電影劇本，剛得了三十萬元的獎金，而我用本名投稿，寫了三個禮拜的劇本卻落選了。這個結果並不出我意外，但我仍然很失望，因爲早在決定要寄出稿件時，我就知道自己比較喜歡，也曾好好寫的劇本一定會曲高和寡，但我仍然決定一賭，並且在四天內趕寫了另一個較商業性但投大衆口味的本子。結果是我猜對了。但我眞希望我猜錯。

這個寫劇本的兩難選擇的困擾，一直存在於我寫了一百多齣電視劇本的過程中。而當時，我多半選擇妥協及通俗，同樣地，這個困境也存在於我目前的占星學寫作之中，我卻選擇了另一條路。其實我身邊不乏好心勸告我的朋友、工作夥伴以及出版社老闆，大家都說，爲什麼偏偏寫又辛苦又只能賣幾千本的高深的全占星書系，而不學某些人寫那種可以賣好幾萬本的通俗星座書，對啊！爲什麼在整個社會都充滿著急功近利的風氣時，還甘心做傻子呢？

這個答案，就深藏在九四年那個冬天的記憶中，也藏在當時我並未好好回答的那個問題中，我究竟在布達佩斯做什麼？我該如何回答對方，說我在重新活出我的過去。

整整一個月，我寫下了記憶中能憶及的點點滴滴的生命事件及感想，我的活頁筆記本堆滿了旅館的書桌，然後再根據天文曆，一年一年、一月一月、一日一日地查閱我過去的生命歷程，在這個「生命回顧」的過程中，我發現自己不僅親身體驗了占星學的理論，還因爲一些理論的引導，就彷彿出現了一個記憶的天使，拋出了神祕的絲線，帶著我更深入記憶的迷宮之中。我的記憶之門一扇又一扇地打開了，許多深層記憶的浮現，都令我自己不敢相信我竟然還記得那一切，而那些記憶是如此地鮮活，充滿了生命力。

有好多次，記憶就像奇妙的光一樣包圍著我，讓我感動得掉淚。許多的悲歡、幸與不幸的記憶，就在這種「用心眞正記起」的過程中。記憶釋放了自己的精靈，精靈帶著我一遍又一遍地「重新活在過去」之中，我的過去不再只是那些用遺忘、模糊、零星的記憶編織而成的生命之網，侷限在失落的線形時間中，我的過去在記憶中復活了，記憶成爲我的時空隧道，我終於體驗到了不少神祕家所言的「與時空合一的超越經驗」。

就在這樣的經驗中，我親身體會了占星學奧祕無比的價值，也決定在未來盡一己所能地傳達我所了解的「占星術與占星道」，但也許世間充滿了太多喧囂的噪音與雜音，有時人們就聽不到天籟了，甚至也忘了有天籟的存在。我希望我的占星學寫作，至少能讓那些買我的書的讀者，能和我一起分享我從占星學中聽到的天籟。

在寫作這本《生命歷程全占星》的期間，方智出版社的編輯接到不少焦急讀者的來電，一直詢問：「爲什麼還未出書？」尤其這本書原是出版計畫中的第三本，但我偏偏先去寫了《寶瓶世紀全占星》（更確切的書名應當是「生命週期全占星」），原因就在於我一直認爲要了解個人生命的歷程時，也不可忽略個人、俗世、宇宙的生命週期，我們每一個人都是單獨的小宇宙，但也絕無法自外於他人、俗世、大宇宙的變遷中，因此，我決定先寫大週期（寶瓶世紀全占星），再寫個人歷程（生命歷程全占星）。

而當讀者拿到了這本書，我相信大多數的人可能都會急著從書中查閱未來的索引，就如同找算命師般地問著：「以後呢？以後會怎樣？」人們總習慣向算命師「購買未來」，或向心理分析師「出售過去」（雖然兩者都一樣要付費），我既然寫作了本書，當然不可能阻止讀者要從書中購買未來，但我有責任提醒讀者，預測未來是非常困難的工作，尤其占星學就像所有的知識系統一樣，充滿了象徵及隱喻，基本上都是讓人類建立更多的參考座標，好去了解複雜奧祕的人生。因此，本書中所有生命歷程的諸多面貌，都是模擬的生命地圖，就像地圖不等於大地一樣，也希望讀者不要把書中所有的「可能的指涉」都當成一定演出的生命事件。

星辰的星座、相位、運行，本來都只是宇宙能量而已，這些能量和人們自身的能量相互作用，才演出人類的無意識、意識以及行動。其實，在人們一生之中，我們演出的生命事件都只佔有我們能量中非常微小的部份，大部份時候我們的能量都是消耗於不曾在物質世界演出的「生命意圖」。眞正想要了解生命歷程的人，重點根本不在於預測生命事件，而在於自覺生命意圖。不管是爲了靈修或造化命運，都要從淨心念——也就是淨化生命意圖著手。

因此，本書的重點就在於描繪生命意圖如何組成了我們的人生之旅，這個旅程中的時間三位一體是同時並存的，當我們在記憶中淨化了過去，我們同時淨化了我們的現在與未來，而我們現在或未來昇華的心念與行動，也可以洗滌我們的過去。占星學的「生命回顧」像羅馬的門神一樣，可以同時看著過去、現在與未來。

歡迎你們也走上這樣的生命回顧，讓你們的意識、潛意識、無意識的記憶之門，在占星學的「芝麻開門」咒語聲中爲你們而開，在門後是更眞實、完整、永恆的生命迎接著你們。

PART 1 ★

帶著占星學
走上生命之旅

PART 1

帶著占星學走上生命之旅

1 了解生命歷程

占星學的價值並不只在於提供現世明牌的生存法則，而是藉著占星學進入中國哲人所說「明心見性」與西方哲人所說「了解自我」的精神殿堂。只有徹底了解自我，了解宇宙生命力的作用，人類才有可能進入更改生命方程式的玄奧殿堂，也才有可能真正掌握自己的命與運。

每一個人的生命之旅，都有起站和終站；以人類有限的肉身而言，起點就是我們呱呱落地誕生於人世之時，而終站自然是我們嚥下最後一口氣息告別人間之際，至於是否有前世或來生，則是屬於靈魂的課題，我們有限的肉身只有一個形貌、一段生命的旅程。

在生命的旅程中，我們展開豐富的人生，我們用許多不同的時期來區分這些旅程，譬如說，我們有嬰兒期、學前教育期、兒童期、少年期、青少年期、青年期、成年期、中年期、壯年期、老年期等等。有時，我們依據重大的生命事件來分隔我們的生命史，例如誕生、襁褓、發育、求學、就業、結婚、生產、疾病、死亡等等。有時，我們用詩意的名詞來描繪人生的變遷，例如用四季春夏秋冬來比喻個人生命的更替。有時，我們也用心理的感受去解釋人生的起伏，例如徬徨少年時、寂寞的十七歲、苦澀的青春、危機重重的中年等等。

替人生不同的歷程下標籤，一直是哲學家、社會學家、心理學家、作家等等熱中的遊戲，目的都是想替人們在生死之間奇妙的存在訂下一些規範、認同和說明。儒學的孔子曾充滿指導意義的說人生應當三十而立、四十而不惑、五十而知天命、六十而耳順、七十從心所欲而不逾矩。寫作《新中年主張》的希伊女士則提出對待中年的新態度，她主張在過了試探的二十、動亂的三十後，應當邁向繁榮的四十、閃耀的五十、和諧的六十。

這些形形色色、名稱不一的生命歷程區分法，自然都有不同的深意，值得人們沉思及體悟，從中領悟生命變遷的眞諦。不過，以上這些生命之旅，描繪的都是人們的集體命運，從生物演進及社會變遷的角度，去觀看人們普遍的生命史。人類越進化，就代表了人類的獨特性越受到重視，然而，和人們的基因差別只有百分之二不到的黑猩猩的情況就不一樣了，今日人們研究這些動物，大多還是關心猩猩這個物種的集體命運，他們共通的覓食、交配、群居等等的生活習慣，很少黑猩猩有個人的生命史。

但身爲人類的我們是不同的，我們每個人都有自己的生命史，其中包括了我們無數的經驗、情感、思想、活動。人類中的偉人、名人或不凡的人，人們會記得他們的生命史，即使在這些人的肉身結束後，關於他們生命活動的記憶仍長存人間，我們會稱之爲「生命不朽」或「永恆的生命」，普通的人死後也有家族的記憶、至親的懷念和至愛的思念。人們用記憶去克服死亡帶來的失落感，就像在埃及人用木乃伊保存永恆。當我們仍活在人世時，大部份的人們也總是希望別人多知道他們一點、多記得一些他們的事蹟，因此名人事蹟報導、自傳或傳記都成了我們保存生命歷程的方式。而芸芸衆生也會靠著告訴別人自己的故事或者是自己回味往事來留住生命的變遷。我們都希望自己的生命史能在記憶的光圈下，放出永恆的光輝。

但是，人們其實也是非常健忘的物種，大部份時候，人們都受制於物種的慣性限制，從事許多爲生存而生存的活動，只有偶爾意識的靈光閃動，才懂得緬懷過去、活在當下及思索未來。而這種能將過去、現在、未來聯結在時空定點的抽象能力，卻也是大多數物種欠缺的智力。但是，大腦科學家們也發現，人們在使用天賦大腦的能力時，其實多半也只用了不到百分之十。我們在六百萬年的進化史中，和其他物種的區分，也不過就是學會了多用這百分之十的能力。心理學家也常比喻人們的意識和潛意識的活動就像海底冰山一樣，露出水面的不到百分之十，主要是人們的意識活動中還有百分之九十的潛意識活動，爲人們所忽視。

進化就是不斷地探索、發現未知，在今日的科學界，人類的進化正以不同的脚步在加速奔跑。西元二〇〇五年時，生物基因學家將揭露人類三十億個生命基因密碼的天書，而宇宙學者也透過黑洞、超新星、宇宙大爆炸的研究在探測宇宙生命起源的奧祕，而地球科學家對大陸板塊移動、火山、地震、氣候變遷的研究，不僅解釋了人類這個物種的生命延續，也提出了對未來物種滅絕的警訊。在這些科學的進步鼓聲中，人類對神祕學的研究也正加緊步伐，以趕上人類進化的旅程。

每一個占星學家都知道，每一個人獨特的生命史，都寫在一個獨特的生命藍圖中。生物基因學家用的化學密碼ATCG寫下這個生命藍圖，而占星學家用的是行星密碼，在每一個人誕生之際，根據「準確」的出生時間（以當地時間換算成格林威治時間再換成恆星時間），再加上「準確」的地理經緯度，我們每一個人都可以計算出這樣一張生命藍圖，亦即人類的「誕生星圖」。人類的星圖依照電腦的排列，機率數是 $559,370,750\times10^{30}$。這個數字是天文數字，超越目前地球人口的總數，也就是說，當提供的資料「夠精確」時，如：經緯度分毫不差，出生時差分秒不差（或至少低於四分鐘誤差），我們每一個人得到的誕生星圖都可能是獨一無二的。

從這個誕生星圖，我們可以藉此研究當事人的各種構造，性格占星學家研究星圖顯示的心理構造，醫學占星學家研究星圖顯示的生理構造，就像生物DNA解釋人類的身心構造，占星星圖也有自己的DNA，用來解釋人類生命的劇本。

但是，誕生星圖的生命劇本複雜而衆多，有著不同的角色、情節、場景等著演出，就像人類的基因藍圖一樣，有不同的定時鎖等著開啓密碼，該生成眼睛的基因不會生成腳，病變的壞基因也總有自己的行程表，生物科學家迄今還不能解開基因關閉、休息、運作的指令是怎麼運作，然而隸屬於神祕生命科學的占星學，卻早發現一套開啓不同的生命劇本的指令密碼。

這套指令密碼即存在於宇宙運行不斷的大星圖中，從人們誕生時定下了個人的小星圖後，天上的星辰依舊運行不已，因此天上的「宇宙大星圖」便不斷和地上的「個人小星圖」發生了各種的共鳴，這些共鳴產生了不同的指令，開啓了生命劇本中不同的情節與場景，產生了各種世界的變遷。按照中國人的說法，個人小星圖就是「命」，而宇宙大星圖的影響即是「運」，只有命加上運，才成爲完整的個人命運。

目前個人小星圖所使用的行星符號，以我們存在的太陽系空間爲主，以太陽、月亮、水星、金星、火星、木星、土星、天王星、海王星、冥王星爲主要的參考符碼，所有的星辰符號都是在提供不同的隱喩。也有的占星學家喜歡參考四大小行星（穀神星、智神星、婚神星及灶神星）及奇龍小行星，但這些小行星的意義及影響還需要進一步地探討及印證。至於阿拉伯、印度、中國的占星學家，對於太陽系之外的其他恆星，如天狼星、織女星、角宿、心宿、昴宿等等恆星占星學一向熱中。而這些恆星除了古老的意義之外，尙有待更多占星學家更深入研究。

我們不可忘記，宇宙浩瀚無垠，宇宙的星圖變化無窮，以人類有限的腦力去追求無限的智慧，自然有其限制，因此人類選擇的宇宙星圖自然是有邊際的。目前占星學家參考的宇宙星圖多以太陽系內的十大星體爲主，偶爾加上被當代某些占星學者喻爲失落的兩大星體，即介於火星於木星之間的四大小行星，與介於土星與天王星之間的奇龍小行星。

至於其他恆星的運行法則，則多運用在探討宇宙占星學或社會占星學等較大的生命事件，較不常用在個人占星學中。雖然有些占星學家認爲地球上不凡的大人物必然受某些恆星獨特的影響。

然而宇宙星圖是以什麼樣的方式影響個人星圖呢？占星學家常用的方式有兩種，第一種即推進法（Transit），即根據星辰週期性地走過黃道帶（Zodiac）時和個人誕生星圖中的行星產生的相位，再加上進入誕生星圖中的不同宮位時帶來的影響。至於行星的週期位置必須從天文曆中查出，這種推進法可看出重大的生命歷程，週期快（如木星、土星）的行星影響的時效較短，週期慢（如天王星、海天星、冥王星）的影響久遠。推進法由於配上宇宙運行的星圖觀看，因此當個人星圖準確時，預測的重大事件有時亦能準確至某年某月某天，彷彿生命中藏有一個計時器。再加上推進法以眞實的行星、衛星、小行星或恆星運行爲本，因此事件的發生與流轉，心理的變遷與起伏都會有較詳細的日程表，因此是被當代占星學家較喜愛、也較常用的方法。

另一種方法則是移位法（progressions），這個方法尤其適合判斷中國人所說的大運，即個人生命的大致趨勢，但不適宜判斷、預測特定的事件發生的時間。移位的方法很多，占星學家大多採用的是「一天代表一年」的方法，即在「出生後一天」行星的位置代表「出生後一年」的各種情況。

在行星移位法中最受到重視的是恆星月亮的移位，因爲月亮的遷移速度快，因此產生的變化也較多。「移位法」由於用的是象徵的方法，以一天代表一年，或一度代表一月等等，因此雖然可以預測出某些重大的變遷，卻不容易看出變遷前後的行星日程表，以及和其他行星交錯產生的多重影響，因此並不爲當代較重視個體自覺的占星學家所重用。

而推進法和移位法的不同運用，也正顯現出東西方占星學派別的不同價值系統，東方占星學（以阿拉伯、印度、中國）爲主，迄今對十八世紀之後才發現的天王星、海王星、冥王星的研究較少，也較不重視，因此東方占星學強調的生命歷程多半是冰山暴露於外的部份，譬如可預測當事人的婚姻危機，但卻無法說明這個危機在看不見的冰山部份下的活動。也因此，占星學家只能強調趨吉避兇的現世治標法，卻無法做到了解生命順逆的精神治本法。

近代西方占星學，在結合了心理學、哲學、神話學、社會學、物理學、生物學等等生命學科之後，強調占星學的價值並不只在於給現世明牌的生存法則，而是藉著占星學進入中國哲人所說「明心見性」，與西方哲人所說「了解自我」的精神殿堂。只有徹底了解自我，了解宇宙生命力的作用，人類才有可能進入更改生命方程式的玄奧殿堂，也才有可能眞正掌握自己的命與運。

2 介紹占星推進法

自古以來，一部份的宗教、神祕學到心理學，即提出了不少方法來增進人類提高無意識的參透力，所謂智慧中的「慧」即指的是這種無意識的理解力，而「智」則是意識的理解力。

從星圖及天文曆著手

藉著占星學了解自己的生命歷程，需要以下的工具，首先要按照自己出生的時間（誤差在四分鐘內最好，否則不要超過十五分鐘，如超過十五分鐘以上，必須請專業占星師校正出生時間），再加上出生地點的經緯度，運用電腦占星軟體製作出一張自己的誕生星圖，或稱本命星圖（Natal Chart）。

有了這張星圖外，接著就需要另一項工具了，即一份天文曆。目前國內外均有販賣長達一百年期間的天文曆，如果不想買，也可以上電腦網路尋找免費的天文曆下載下來。

手邊有了星圖及天文曆後，對於沒經驗的讀者，最好先從過去的經驗著手，譬如說根據自己生命中的大事紀，也許是結婚、生產、失戀、喪親、升遷、中獎、深造、意外等等，回憶這些事件發生的年份及月份，之後從天文曆中去找出那些時候，再根據那時的天象看看是什麼樣的星辰和自己的本命星圖的星辰，及相位之間形成了關聯。譬如說有人在流年土星推進個人本命星圖的金星形成了180度對相時，結束了長達四年的感情，有人在流年土星和本命星圖的冥王星形成120度合相時，突然升遷獲得一份重要的職位等等。有時，是一個人的木星進入本命星圖的七宮時成婚了，也有人在土星進入六宮時和十二宮的海王星成對相時健康惡化。

由於行星運動的法則很清楚，因此只要個人的出生資料大抵正確，由行星推進的相位來判斷，通常準確性較高，時間也可以很準確。好的占星師可以估算出重要事件發生的年月日，絕不會像一般江湖術士胡謅的那一套「也許是明年或後年，要不然大後年」這一類的。但由於大部份的出生資料（尤其是時間）都不是太精確（現代的小孩好多了，大多有出生證明書，而不是丑時、午時之類的高達兩小時的誤差），因此大部份中國人的本命星圖的宮位度數都很難達成精確。行星在推進宮位時，除非有相位輔助，否則時間推斷上的誤差也就大多了。譬如說土星在一宮內約兩年半，因此，如果宮位度數不確定，是會發生推斷時不得不說出「明年，要不然後年」這種模稜兩可的話。

推進法是當今占星學界運用得較廣泛的方法，尤其是運用在行動較慢（如木星、土星，以及天、海、冥三星）的行星時，可以預測到事件起伏轉折的變化。但對於行動較快，如太陽、月亮、水星、金星、火星時，正確的相位有時只發生在幾小時、幾天之內，發生的事件通常影響不大。也許是在家宴客、發表演講、收到禮品、添置衣物、和人吵架、身體略有不適等等，可說是日常生活小事。其實這些事並不需要去預測，反正過日子自然天天有事，如果是較大的事，如大病、中大獎、大意外、大好事，絕對會和離地球較遠的外行星（從木星到冥王星）有關係。

「行星對地球的作用是和距離成反比的，越遠的星力量越大」，這點要切記，絕對不要誤聽某些占星專家所云，天、海、冥三星只管世代不管個人的謬見。

爲什麼是外行星的推進

在本書中，生命歷程的寫作即根據木星、土星、天王星、海王星、冥王星的推進，和本命星圖中的太陽、月亮、水星、金星、火星、木星、土星、天王星、海王星、冥王星所形成的相位及宮位爲主。至於爲什麼只選擇外行星（木、土、天、海、冥）的推進，而不包括內行星的推進（日、月、水、金、火）？原因有二，第一點當然是如果內外行星的推進都探討，這本書一定會厚到令書商、讀者都害怕。第二個原因，也是更重要的原因，即是內、外行星的推進，基本上就是屬於兩本書的概念，內行星的推進很快，像太陽、月亮的推進所形成的相位、宮位變化，常常只有一天或幾天的影響。而水、金、火的推進也不脫是一週或數週的影響，因此所形成的影響就以「生命事件」爲主。

某些研究占星學的人，特別喜歡算計流日、流週的變化，常常一手拿著星圖，一手捧著天文曆，就像風水先生端著羅盤般亦步亦趨地過日子。而且經常著迷於算些芝麻綠豆的小事，譬如說今天上街和什麼樣的陌生人吵了一小架、明天摔了一小跤、後天對某某異性怦然心動等等。其實生命事件變化無窮，有時過份執著於計算的人，則反而容易在觀察及體會人生時「因小失大」。就好像有種人手上捧著一份精細無比的街道地圖，然後在走路時不好好走，老是兩眼盯著地圖看著說，此轉彎處有一路標，彼轉彎處有一岔路等等。這種人在人生的旅程上走著，往往是看不到，也不能深刻體會生命風景的人。因此，任何有心用占星學了解人生旅程的人，前提是：不能忘了「生命地圖」絕不等於「生命之路」。因此，千萬不要見樹不見林地著迷於內行星推進的生命事件，而是要懂得活在當下。

然而，活在當下，並不代表我們不需要對自我有更深刻的了解。因此，學習個人占星學是必要的，而活在當下也不代表我們不需要對周遭的環境，對我們已走過的、正在走著的與未來將進入的原始幽暗森林有一番了解。所以，運用外行星的推進法，即可讓我們對生命中重大的事件，就像對森林中之高山深谷、豺狼虎豹的情況有一番事先的了解。再加上外行星的推進時效較長，即使最快的木星也有一個月至數月的影響，因此使得生命的旅人既有時間準備上路，也有時間慢慢體會生命風景的變化，還有時間回顧追憶已經走過的人生風景。這種用外行星推進了解人生之旅的方式，才稱得上是「生命歷程全占星」

一般在研究命運或找人算命運流程的人，常常著眼於「未來會發生什麼事？」很多人根本對過去發生的事沒興趣，常表示「過去的事發生都發生過了，幹嘛還要知道？」這些態度，其實基本上充滿了對人生的誤解。不少人們以爲生命純粹是線形的，而且是一條只往前進不能後退的直線，人生之旅就像這樣的線，永遠會斷成兩半，一端是現在接著未來，另一端則是失落的過去。除非偶爾用個人的回憶，才好像追憶著死亡的生命。這種生命態度，是純粹建立在肉身存在至上的人生哲學。不錯，人的肉身從一誕生就邁向成長、茁壯、衰老、死亡。從來沒有人可以重新擁有、重新活著過去的肉身生命。肉身是純物質的，服膺三度空間的自然法則。但是，除了肉身之外，人類還有心與靈，心是意識的運作，靈是無意識的滲透，在「心的旅程」中，沒有任何的過去、現在、未來的斷裂，人們也一向把幻想投射於未來，用回憶重溫過去。藝術家往往是最能掙脫三度線形時空的高手，我們常說藝術作品具有永恆的生命即在說明這個道理。

因此，人們若用藝術家般的態度看待自己的人生，就會發現生命的歷程中沒有眞正失去的生命。每個人都可以用回憶過去重溫過去的方式，去「重新活出過去」，而用占星學的推進法可以幫助人們恢復記憶的圖像。除此之外，用占星學的推進法還有另一項十分寶貴的功能，即透過外行星的推進，去了解過去的生命歷程中一些「未曾活出的過去」、一些「未竟之旅」。

這些話聽起來很玄，也的確讓一般人不明白，人們總以爲我們活過的生命史，我們記憶中「發生」的生命事件，就是生命歷程的全部。其實不是，人類是無比複雜的生物，人類的行動只是生命的一部份，心念是另一部份，無意識的活動其實佔據了生命力中最大的一部份。我們一生的旅程中，除了「身之旅」、「心之旅」外，還有不斷進行的「靈之旅」，這個「靈魂的旅程」其實是人們投胎爲人最重要的生命活動，但也往往最被忽略，因爲要了解靈魂的旅程，需要很高的無意識參透的能力。自古以來，一部份的宗教、神祕學及心理學，即提出了不少方法來增進人類提高無意識的參透力，所謂智慧中的「慧」即指這種無意識的理解力，而「智」則是意識的理解力。

在我個人用占星學研究生命歷程的經歷中，最大的喜悅即來自於對靈魂旅程的探索，尤其對所謂已經過去的「過去」，也許是童年、少年、青年、成年的一些片段，靠著外行星的推進法，我不僅恢復了對許多事件的記憶，甚至還達到了「重新記起」一些根本不曾記住的經驗，生命中有許多無意識的迷宮，當事人模模糊糊有一些感受，但不見得表達、實踐得出來，而隨著時間久遠，回到迷宮中的線索早已遺失，當時的許多的生命經驗都沈澱在不易被記起的「深層記憶」中。平常用心智、意識的回顧，根本已經無法再記起什麼了，靠著夢或催眠，或神祕卻又理性的外行星（尤其是天、海、冥）的推進法，我們卻可以重新喚起存在深層記憶中「失落的記憶」，這不僅讓人們「再活出過去」，還讓人們「活出更豐富的過去」。

我一直認爲，占星學是人類知識系統中一個阿拉丁的寶藏，但有些人根本不相信世上存有這樣的寶藏，有些人則只站在寶藏門外，想買一些帶出來的寶物，有些人則進入寶藏只知道隨便挑一些可以出去賣錢的寶物，很少人知道其實寶藏深邃無比，需要好好地挖寶，而寶物的珍貴不在於佔有了幾件，而在於是否眞正了解了寶物的力量。

從外行星的推進去了解生命的歷程，就是阿拉丁寶藏中的一個寶物，千萬不要只抱著「算命」的態度面對人生之旅，而是要抱著「活命」的態度體驗生命歷程。「活出最完整的身心靈的生命」，才是占星學眞正可貴的寶物。

關於推進的相位

談外行星的推進時，最重要的觀察點即外行星推進的「動」和本命星圖中星體的「不動」之間產生的各種變化。如果用迴旋曲來比喻，本命星圖中的不動就彷彿迴旋曲中的一些主旋律，而外行星的的動則是讓主旋律不斷改變的各種變奏，外行星的動變化無窮，但絕對不能脫離主旋律的調性，因此兩個人可能在生命歷程中遭遇到一樣的外行星的推進的影響，但卻會奏出小同大異的生命之歌，小同處即外行星的影響，大異處即本命星圖的力量。

而外行星的動，雖然如天上星辰一樣動個不停，運行不已，但和本命星圖的不動之間，卻會產生一些「重要的接觸點」，即推進的相位。這些相位使得生命之歌有了較明顯的起承轉合的演奏。相位的重要性，可以打個比方來說，本命星圖中星體的位置就彷彿一個無線電波音樂台，具有一定的頻率；而只有天上星辰的推進和這些頻率產生了不同的開關（相位）時，人們才較聽得清楚命運的交響樂。而這些相位的變化很多，使得交響樂的演奏也變化無窮，有時是迷人的天籟，令人精神振奮，有時是喧鬧的噪音，讓人頭痛欲裂。在本書中，還是基於精簡篇幅的原則，介紹了四種最重要也最常用的相位，即合相（0度）、對相（180度）、和諧相（120度）、衝突相（90度）。至於次級的相位如調和相（60度）、掙扎相（150度）、幫助相（30度）、妨礙相（45度）則不在討論範圍。但讀者可以參照相似的相位，以對生命情境有番大略的了解，例如調和相、幫助相的調子類似和諧相，但力量較弱，掙扎相、妨礙相則類似衝突相，但力量則不那麼強。

至於推進相位的作用是如何開關呢？則不能不了解相位度數的容許度（orbs），即星辰推進的星座和本命星圖中星體的星座之間的球差（即度數的差距）。和個人占星學及人際緣份占星學較不同之處在於，生命歷程中推進相位的「容許度」較小，即生命歷程中重大生命事件的顯相，必須依賴較準確的相位，例如天王星推進本命金星形成了九十度的衝突相（當事人可能早就在心理上感知一份舊的關係快維持不下了，或一份新的關係蠢蠢欲動），但常常要等到天王星和金星形成了準確的九十度相位（即0度對差）時，當事人才真正面對離婚、分手的「生命事件」。

又比如某人在冥王星合相土星前一直想換工作，但又舉棋不定，卻在準確合相發生時，當事人卻突然被解雇了（如果土星相位不佳），或突然另覓高職離去（如土星相位不錯）。

總而言之，推進相位有兩個時期，前期是隱相期，即推進相位（合相、對相、和諧相、衝突相）尚未進入0度誤差的準相。二是顯相期，即已成0度準相，這時生命事件不管是行動的、意識的、無意識的必然都「已發生過了」。這是從事件的觀點來看推進，但從心理流程的觀點卻有所差異。

譬如說土星合相月亮時，當事人失戀了，但往往在準合相推進離開了三、四度（即有三、四度的球差）時，當事人的悲傷、鬱悶、沮喪（土、月合相的意義）卻越來越嚴重，這就像有人受傷時不知痛楚，但等意識從驚嚇中恢復過來時卻大痛特痛。有時還有更奇妙的事，例如在冥王星準對相金星時，當事人的配偶有了第三者，但卻在準對相離開一段時間後，當事人才發現而陷入情感的糾纏與嫉妒之中。可見生命地圖中的風景，不見得能讓人馬上看懂，但研究靈學的人都知道，人們的靈魂其實永遠在觀照一切的，但靈魂和意識知覺的通路卻常常斷了線。

除了相位開關的時機之外，外行星的相位有一個十分神祕有趣又奇怪的現象，即外行星會在不同的星座及度數徘徊前進、後退（即「逆行作用」Retrograde），再前進、後退，再前進、後退，往往會在同一度數出現停留三次。這個重複三次但不超過三次的現象，最恰當的比喻就是中國人所謂的「好事連三」、「壞事連三壞」及「事不過三」。這些家喻戶曉的俗話其實和外行星運動的法則有著奧祕的根源。而這些外行星的逆行現象反映了天象中規則中的不規則，也可以說是次序中的混亂。而基本上，行星的逆行使得生命歷程中出現了許多的「變數」，這絕不是用簡單的天干、地支及六十甲子可以完全掌握的。

因此，研究西方占星學者，絕不可離開天文曆，也就是說不可不根據天上星辰眞正的運動去理解天理人事的法則。至於外行星推進的三次相位有什麼不同的意義呢？這不是個容易簡單回答的問題，但大體來說，這三次的變化有點像古典戲劇的開始、中間、結束（前奏、高潮、尾聲）。

在我研究的星圖中，就常發現人們以這樣的邏輯經歷生命的起伏。例如一個冥王星合相金星的中年男子，在第一次合相時開始陷入了婚外情，然後不斷掙扎於家庭與新歡之間，在第二次合相時和新歡愛得水深火熱，也和舊人鬧得死去活來，接著是衝突於情感、權力、金錢的糾纏中，等到第三次合相時，可能是和舊人終於談判分手或和新人的激情快燃燒完了之時。而由於外行星的逆行並不常見，什麼樣的人們會碰到這樣的逆行現象也沒個準則，但一旦碰到了，卻不能不奇怪宇宙力量的奧祕，爲什麼要讓有的事連三呢？或爲什麼偏偏發生於某些人的生命歷程中呢？

在根據相位了解生命歷程時，除了分別查看如本書中所提到的各種外行星的合相、對相、和諧相、衝突相之外，也不可忽略了這個相位除了有單獨的意義之外，彼此之間還有律動的相關性。就像一本書中的每一章節是獨立的，但章節之間卻有互通及起承轉合的關係，很少書是能夠把章節輕易前後調動，而這些獨立的章節聯貫起來才是完整的生命之書。

相位的次序律動也一樣，合相（0位）之後一定先跟著幫助相（30度）、妨礙相（45度）、調和相（60度）、衝突相（90度）、和諧相（120度）、掙扎相（150度）、對相（180度）。每一個律動的變化，都是生命力的舞蹈，提供了不同的機會、危機、轉機，而這些力量之間是息息相關的，每一個環節的妥善運用，都會影響到下一環節的反應，我們也可以說這些相位的力量是完全互動的。而除了相位的互動外，不要忘了木、土、天、海、冥這五個外行星也自有獨具一格的相位律動，因此外行星之間也互相影響著。

查看占星食譜書去了解生命歷程是笨方法，但就像用食譜學做菜一樣，是初學者必經之路，但就像做菜的生手外，常常一面看書，卻手忙脚亂地忘了加東加西，或先後次序、調味、火候不對等等。初學者也容易在查書時無法綜合領會，尤其最弄不清推進相位和本命星圖中相位之間的交互作用力，這些學習及領悟都是需要時間的。但最重要的精神是要有正確的態度，絕不要輕言判斷，而且要明白好的占星學家的占星判斷只是「犯較少錯的人，而不是絕不犯錯的人」。因爲占星學是一個開放的知識系統，永遠有更精準的方法、技術、知識等著開發，宿命到底有沒有定數，其實人類迄今根本還不能回答這個問題，因爲光是有限的天數，人類眞正完全明白的也不多，在這種情況下，當然不能談定數。天數奧祕、變數無窮，在有限之數中了解天數，目的不在控制命運，而在提昇、進化命運。

推進的宮位

除了相位外，外行星推進本命星圖的宮位也是了解生命歷程的重要方法，相位顯示的生命歷程，比較像是生命歷程中會發生哪一些「情節」，而宮位則像是生命歷程中出現的「情境」。

如果拿羅密歐與茱麗葉的故事爲例，兩位當事人一定有重要的行星落在五宮內（一見鍾情）、八宮內（性、死亡）、十二宮內（世仇、宿命因果），這些是外行星進入宮位的影響。但若要了解一見鍾情的性質，則要看外行星和推進本命星圖的相位，例如羅密歐先情有所鍾，但一見到茱麗葉卻馬上忘了舊愛，而狂戀上茱麗葉，因此可推斷羅密歐必有天王星推進金星的相位（合相可能性最大）。至於茱麗葉愛上羅密歐的同時，又飽受家庭已訂親的困擾，因此想必有冥王星衝突相金星的相位，羅密歐代表了激情，但父母親及未婚夫卻代表了世俗對權力財富的執著。

外行星推進宮位，除了可以顯現一般性的生命情境，也可以顯現特殊的生命情境。例如木星每一年約走一宮，因此形成約十二宮的循環，凡人年過七、八十，至少會經過六、七次的木星循環，體驗不同生命情境的變遷，而土星約三十年走完十二宮，每一宮約兩年半，因此體會土星的二次循環也常見，三次循環則較少見，因此土星人不同宮位產生的重要情境則次數不多。例如土星進六宮，常是健康出現重大警訊之時，但除非一個人本命六宮即十分不利，否則一般人生大病的機會並不多。

至於天王星的每七年推進一宮，也只有長壽的凡人才可能走完一圈（八十四歲），但在不同年齡遇到天王星推進不同宮位的意義也自然不同，例如在幼年時天王星進四宮，常常是父母出意外、家庭生活不穩定、居無定所，但在中年時天王星進四宮，則常常和事業、婚姻帶來的心理危機有關。

而海王星的每十二年進一宮，一般人通常只能經驗到六、七宮的變化，這就有很大的不同了。例如有人從出生後海王星就一路從一宮走到七宮，這樣的人生命情境的重點多是較個人的活動，和一個從六宮走到十二宮，以社會化活動爲主的人自然大有不同。

至於冥王星，在每一宮中可長達十七年至二十多年，想想一個人在中年時，若十幾二十年的冥王星都在七宮（伴侶宮），或一個人十幾二十年冥王星即在十宮（事業宮）會形成多麼大的生命情境的差異。

因此，想要了解生命歷程，要先有全貌的看法，最好是由遠而近，由長到短，先看影響力最大、時效最久的冥王星推進的宮位，再看冥王星和本命星圖形成的相位，再接著看海王星的宮位及相位，依此類推（天、土、木的宮位及相位）。然後再綜合看這些不同的外行星所發生的互動。例如當天王、海王星同在某一宮中（一九八〇年後，天王、海王都落在寶瓶座，因此許多人都會經歷天、海推進同宮的現象），即和單獨在一宮中略有不同，又如在西元兩千年木、土合相前後，大部份的人都會經驗木、土同宮的現象。這使得大多數人們的生命情境都形成了兩難之局，好像每一個人都變成某一處境的哈姆雷特：「要這樣呢？還是不這樣呢？」

外行星推進宮位時，有一個十分重要的現象，卻不在本書的探討範圍，即外行星和四個命運交點（上昇點、下降點、天頂點、天底點）。有些人會稱這四點是上昇星座、下降星座、天頂星座、天底星座，其實最好不要用這樣的稱呼，因爲四個命運交點根本不是星體，只是出生時地平線與子午線與黃道交接，在假想的星圖圓圈定下了四個黃道宇宙的東西南北交角。而所謂的星座，則是當時這些交點所處的宇宙天幕所涵蓋的星座位置。

這四個命運交會點，必須根據非常正確的出生資料、時間的數據（最好不要誤差超過十五分鐘）連，地點的經緯度都必須精準，才可點出精確的四個交點。但說實話，在台灣除了某些一九七〇年代之後出生的人，才較有可能有比較精準的出生時間，目前大部份人的出生時間記錄誤差都大得可怕，而許多即使是七〇、八〇年後出生的人，如果父母沒有索取或保留醫院給的出生證明，光憑父母用子、丑、寅、卯十二時辰記錄的出生資料，怎麼可能精確？在我業餘時爲他人看星圖的過程中，每每在一開始就得花最多時間在替當事人校正星圖。

因此本書決定不寫外行星推進四個交點的相位變化，以免像《人際緣份全占星》書中一樣，很多人在配對其他星體時都沒問題，但一配對到四個交點時卻問題重重，反而更增加困擾。這個問題要解決，只有賴中國人廢除不進步的時辰法，因此如果今天出生的小孩都有正確的時間，那麼二、三十年後，在占星學探討四個點的意義、配對、推進就不會那麼困難了。

但是，四個交點的重要性，在此卻不能不提，尤其是外行星合相、對相時產生的力量最大，因此一般人其實可以借用外行星推進一宮、四宮、七宮、十宮時來反推自己四個交點的可能位置。因此在初合相（0度）交點時，產生的力量最大（至於推進的性質則可參加四個宮位的說明）。而對於本來就有精確四個交點的人，則在外行星合相、對相時，就可以特別留意生命情境與情節的變化。當事人可根據外行星的基本力量（請查書後占星符號說明的部份），再查看四個交點的意義，如上昇點代表生命歷程中前進的、尚未展開的關係，下降點代表和他人、伴侶的關係，天底點代表和家庭及父母的關係，天頂點代表和事業及社會的關係。

如何計算推進的相位與宮位

首先，當事人必須先把自己誕生星圖上星體的星座符號及度數寫在一張空白的紙上，按照次序排列，如太陽、月亮、水星、金星……等等，然後在天文曆上查閱某一段時間。例如有人想知道自己在一九九九年十月間的狀況，或想回顧自己在一九八四年六月的處境，則分別在另一張白紙上寫下這兩個日期（可選定特定的日子）的星體位置，由於本書推進爲外行星，因此只要寫下木星、土星、天王星、海王星、冥王星所落的星座符號及度數即可，接著就比較兩張紙，分別就每一個天文曆上查出的運動中的外行星資料來和自己誕生星圖上的固定星體做一一的推進，看看推進中的木星和本命固定的太陽、月亮、水星……木、土、天、海、冥是否形成了什麼樣的相位及宮位，並記下重要的相位和宮位，如合相（0度）、對相（180度）、和諧相（120度）、衝突相（90度），然後再陸續地查看其他行進中的外行星，如木、土、天、海、冥，並用同樣的方法記下這些推進外行星和本命星圖上固定星體的相位及宮位。

有的時候，自己心目中特定的日期未必有許多重要的相位，當事人還可以用另一種方法，即隨意翻閱天文曆，在其中搜索特別重要的日子，這種方法就要先詳記自己誕生星圖上的星體位置，如果特別關心情感的發展，則查看誕生星圖上的月亮、金星會形成合相、對相、和諧相、衝突相的星座位置是多少度，再根據這些資料在天文曆上找出相同的木、土、天、海、冥的位置。依此方法，就不難一一按照自己誕生星圖上各個星體的性質（如太陽，和個人表現、事業特別有關，水星和學習、教育、溝通、傳播有關，火星是行動力、生命力的表徵，木星是樂觀、適度的力量，土星是踏實、限制的力量……等等）」，找出對它們形成影響的日子。

還有另一種方法，即不心存任何特定的想法，而隨意翻閱本書，看看書中那些部份的說明是自己特別感興趣的情節（相位）或情境（宮位），然後再根據那個處境的條件（如某某星體和某某外行星成某某相位，或某某外行星進入某宮），分別去查閱自己的誕生星圖及天文曆中星體的位置，自然就可以找到那個特別的時刻，也許是在遙遠、不復記憶的過去，而因爲占星資料的引導，使你深埋心底的記憶再度浮現，也許是某個遙遠的未來，而你則可用虛擬時空的方式，在此刻編織一段未來的「虛擬實境」。

除了這三種方法外，還有其他許多不同的方法可使用本書，讀者可以自行發展自己喜歡的方式。除了科幻小說可以讓人們在時空隧道中旅行外，靠著占星學的推進法，我們也可經驗時間和空間的虛擬之旅。

此外，在計算相位及宮位時，要特別注意幾個事項，在本書第二章中也曾約略提到，即相位度數的容許度，指的是兩個星體的星座之間度數的差距（球差）。和個人占星學及人際緣份占星學略有不同處在於，除了相位的容許度外，還要特別注意外行星本身不同的容許度。以相位的容許度爲例，推進相位的容許度較小，例如在個人及人際關係占星學中，合相、對相的容許度是8度，在推進時則只有4度。而和諧相、衝突相在個人及人際關係占星學中可以有4度容許度，在推進相位中則只有2度。

此外，外行星本身運行的速度也會造成影響。在推進相位中，木星、土星相位的容許度都在2度之內，而天、海、冥三星則可高達4度。另外，還要注意推進相位的影響，必須分爲「先覺」、「發生」、「後驗」三期，在容許度尚未達到0度時是先覺期，較敏感的人已經可以感應某些事要發生了，但還未發生，在容許度是0度時，往往是外在事件或內在事件的爆發點（如火山的爆發），但在容許度超過0度後，則是已經知道、後知後覺的餘波盪漾了。

當然，除了相位的差異之外，相位落入的星座也很重要，例如一個人在天王星與金星或衝突相時，天王星所在的星座（如寶瓶）與金星所在的星座（如金牛）的衝突相（90度）和天王星在寶瓶而金星在天蠍的衝突相，意義略有不同，但在本書中根本無法這麼列舉。事實上這種傳授，根本無法在一般的占星書寫作中辦到，讀者必須自行多體會，最好能以現實經驗爲基礎，再加上要懂得星體及星座基本性質的演變，就如化學元素一樣，有各種的質變。知識、經驗、直覺，再加上想像是領悟占星學的必備功夫。

至於如何計算外行星落入的宮位，則是較容易的方式，但先決條件是當事人的出生時間要很準確，否則除了四個命運交點（上昇、下降、天頂、天底）無法準確外，每一宮的起宮度數（宮頭）與終宮度數（宮尾）都不會正確，因此，如出生時間不明確，自然就會出現很多的「灰色地帶」，當事人在查閱外行星所落宮位時，就必須存有「時段的誤差」的準備。例如在天文曆上查閱，明明冥王星快合相上昇點並落入一宮了，但書中所寫之事雖模模糊糊地有所感，卻總不發生。如果出生時間差距過大，譬如差個三十分，就有將近七度的差別，那麼以冥王星而言，可能就會差上個好幾年之久，因此，如果出生時間太不準確，則最好多注意相位的變化，宮位則可做參考，或者花點苦功夫根據一些生命事件，來校正自己的出生時間，或者找專業的占星學家幫忙校正。

詮釋推進相位及宮位的原則

詮釋推進相位及宮位時，要注意幾個重點，一是相位的關鍵意義，二是宮位的關鍵意義，三是形成相位及宮位的星辰（恆星、衛星、內行星、外行星等）的關鍵意義，四是星辰、相位、宮位所在的星座。除了第四個因過份繁複（光是本書全部的篇幅都不足以寫完第四點），不在本書的探討範圍內之外，其餘三點將在此加以說明。

談到相位的關鍵意義，在第二章中，我們已提過本書爲了精簡內容，不得已只能選擇四個主要相位。至於次級相位的意義，只有等待來日出版市場上能包容更深入的占星學研究。在目前，讀者只能根據次要相位和主要相位的相關性，如60度調和相和120度和諧相有互通之處，或45度妨礙相和90度衝突相有相應之理等等。

本書中談到的四個主要相位，關鍵意義如下。

合相（0度）：在推進時，這是力量最強的相位，可帶出兩個相遇星體本身的能量，並混合了兩個星體所落星座的交互反應。合相的力量可正可負，必須仔細觀察合相在本命出生星圖中的相位，而當事人自身靈性的發展影響力也必須加以考慮。

對相（180度）：在推進時，對相是兩個星體力量的武力競爭，不像合相是合作，但對相的競爭並不到眞正相互攻擊、你死我亡的局面，而是停留在雙方加緊軍備、誰都要拔得頭籌。因此對相會加強兩個星體分別的力量，有時比合相力量更強，但由於雙方的目標並不一致，因此常使當事人成爲雙頭馬車往不同方向跑。

和諧相（120度）：推進的力量略次於合相及對相，主要是因爲這個相位使兩個星體的能量很容易融合，因此不易被強烈感覺到。就像幸福是難以描繪的感受，但痛苦卻很容易表達。和諧相在生命之旅中，則是旅人可收穫成果，亦是旅人可奮勇前進之時。

衝突相（90度）：推進的衝突相，和對相最不同之處，是交戰雙方已經進入了短兵相接而形成了拉鋸情勢，因此衝突相是最消耗星體能量的相位，當事人常會有「怎麼做都不行」的感覺，心理的緊張、衝突、焦慮也最高。這是生命歷程中很難熬的時刻，如果能從此衝突相的星體之中找出任何與之成和諧相或調和相（60度）或幫助相（30度）的星體，則可加強這個成吉相的星體的能量，將有助於改善衝突相。

在宮位的關鍵意義部份，在本書第二部中屬於食譜書（Cook book）的內文中，則附有十二宮關鍵意義簡略說明。十二宮的生命之旅，不僅包含了個人一生身心的活動，也包涵了靈魂的進展，初學占星學的讀者，至少要先弄懂十二宮基本的意義。除了基本意義外，十二宮之間亦有相當奇妙的起承轉合的關係，每一宮的設計及下一宮的關係都藏有深義。

簡單來說，一宮至六宮是和個人較有關的領域，從一宮的自我（身、意志、人格），二宮的自我價值及擁有物，三宮代表的和近親、環境的互動，四宮顯示我的家庭、父母，五宮——我的創造力及創造品（如小孩），六宮——我對自己的責任（如健康、工作養活自己等等）。

從七宮開始，個人退居幕後，他人、社會、外在活動登場，七宮是伴侶、合夥人之宮，八宮由他人的權力、擁有物、原欲主導，九宮是哲學、宗教、異國多元文化之宮，十宮是社會之家，是「大的自我」活躍的舞台，十一宮是人類大家庭，是「大我」（渺小的自我）和博愛精神的發源地，十二宮是自我迷失及摒除自我的「無我」境界。

這十二宮緊緊環環相扣，最理想的生命歷程，是能夠保持在十二宮的中心點（像處在曼陀羅中央的神祕點），平衡而客觀地發展，但坦白說，這是聖人、完人的生命之旅，我根本沒看過任何常人能做到這點，但是，這仍是一個值得提倡的理想，至少讓某些身陷某些宮位而不能自拔的人有所警惕。

在實際研究他人星圖的經驗中，我發現有些人幾乎每一宮都問題重重，有些人則有些宮處理得不錯，有些宮則一塌糊塗。一般而言，過份發展的某一宮，必導致對宮的陷落。如果過份重視個人大的自我的人，野心都放在十宮的事業、社會地位之上，四宮的家庭及內心之家一定有所失。或者過份重視一宮自我的人，七宮和他人的協調就好不到哪裡去。過份著重二宮自我價值及財物的人，就容易有八宮的困難（無法和他人分享）。同理，也可看出過份發展的某一宮形成衝突相的宮位的困難，例如自我中心的一宮人，當然會有家庭關係的困難（四宮）及社會適應的困難（十宮），讀者可自行依此類推。

最後，在談到形成相位及宮位的星辰（恆星、衛星、內行星、外行星）的關鍵意義，在本書第二部份的占星食譜內文中也都有一些引導的說明，在此不重述，唯一要提醒讀者的是：要注意相位發生於不同的星體之間，所產生的不同意義。在本書中，我們的討論集中在外行星（木、土、天、海、冥）和本命出生星圖上的「固定」星體的推進相位。在外行星方面，木星、土星推進時，當事人比較容易感知或猜測到是哪一類的事件、經驗或心念會被引爆。因爲木、土兩星代表的能量和社會的、現實的、環境的正與負、開放與限制、空想或落實較有關。而天、海、冥則較不可預測，因爲這三者的能量來自宇宙無形力的影響，即所謂「天意不可測」。因此，當事人較容易產生被命運捉弄之感。其實當事人如果肯提昇靈性，讓靈魂可與天意相通，則反而較容易和自己的命運合而爲一，轉而超越有形命運，以進化無形命運。

至於外行星和出生星圖上的「固定」星體的推進，也有兩大類的分別，當外行星和太陽、月亮、水星、金星、火星這些較代表人格、意志、情緒、情感、行動等的星體能量接觸時，當事人的意識比較容易感知到「發生了什麼」，因此也比較容易形成「生命事件」，這也是一般東方占星學算命較喜歡研究推算的領域。因爲對一些較無自覺性的人而言，這類星體的能量比較「現世」，所以被推算的人也會覺得比較準。至於外行星和外行星的推進，則激發了屬於潛意識、無意識的星體能量，木、土二星還可說和社會「集體的意識」有關，天、海、冥三星則完全是無意識的領域，是來自個人靈魂和宇宙靈魂的低語。對於這一部份的討論，讀者必須要先具備有相當靈性的潛能與發展，才可能看得下去，但對於想用占星學靈修的人而言，將可從此得到不少奧祕深刻的靈光見解。

PART 1

帶著占星學走上生命之旅

3 生命歷程就是人間道場

靈魂是可以體會，但無法觸及的事物，因為靈魂不是物質，自然不屬於三度空間。通常，愈有前世宿慧的靈魂，在接受生命歷程的考驗時，愈能逢凶化吉，而在今生愈早覺悟的靈魂，在面對此生困難的磨練時，也愈能由苦生慧，累積今世的智慧。

世界上每個人的生命歷程都有共通相通之處，也有迴然相異不同之處，在《寶瓶世紀全占星》一書中，我們已經詳盡地介紹了共通相通的生命歷程。如出生到四歲的「月亮時期」，四歲到十四歲的「水星時期」，十四歲到二十二歲的「金星時期」，二十二歲至四十一歲的「太陽時期」，四十一歲到五十六歲的「火星時期」，及五十六歲至六十八歲的「木星時期」，以及六十八歲至死亡的「土星時期」。

這些時期就彷佛人生旅程中的不同驛站，每一站都是人們必經之路。然而由於每個人的生命地圖（誕生星圖）都是不同的，再加上星辰的推進和誕生星圖形成的不同相位與宮位，自然使得每個人要經歷的生命風景就迴然不同了。

例如在「月亮時期」，如果當事人的誕生星圖中月亮的相位有剋，或者當時天上的星辰形成了很困難的推進，例如土星合相月亮、天王星對相月亮等等，當事人就即有可能在出生到四歲的「月亮時期」即經歷了各種和母親相關的不幸，如母親生病、意外、死亡等等。總之，當事人的月亮時期不僅得不到月亮代表的撫育、照顧的安全感，反而經歷極度地沒有安全感、恐懼和精神的錯亂。

如果在「水星時期」，當事人的水星位置有剋或有困難的推進，則自然會讓當事人少年求學特別不順。而在青年期的「金星時期」，金星位置及推進的剋相，將使人情感的萌芽受挫，將會影響一生的情感發展。而同理，在成年至中年的「太陽時期」，如果太陽位置及推進不利，當事人自然特別會覺得難以出人頭地，或在社會中闖出一番局面，而在壯年時的「火星時期」，遇上了不利的火星位置及推進，特別會讓人在壯年時顛沛流離、荒唐怪誕，這時帶來的傷害可能遠比少年的胡作非爲要大更多，因爲在壯年期的犯錯更沒有修正的機會了。

而在成年期如木星位置及推進不利，當事人可能依然「盛氣凌人」，因此不僅無法「從心所欲而不逾矩」，反而失去了掌控人生方向盤的能力而變得迷失錯亂。至於老年的「土星時期」，如土星相位及推進不佳，當事人不僅無法做智慧老人，反而成爲「老而不修、謂之賊也」的人，變得過份的悲觀、苦悶、陰鬱、貪心、吝嗇等等。

常有人比喻，生命歷程就像人們生命的功課，但每個人的功課都不同，有些人某些功課難、某些功課容易，有些人永遠遇到最難的功課，有些人少年時所遇的功課容易，中年卻難得不得了，有些人則少年功課最難。

就是因爲除了人人的誕生星圖不一樣之外，本來就蘊含了各式各樣的功課在那兒，但也只有等到星辰推進時，才是進入生命功課重點學習時，星辰的推進就彷彿考試的鐘聲響起，催促著不同的人們要進入不同的課堂去接受生命的考驗。

人生如果抱著終身學習的態度去生活，生命的功課也並不那麼可怕，但是，世界上有太多的人們根本不愛求學、不愛做功課，還有人想作弊考出好成績、騙人騙己。其實，面對生命功課，最重要的就是要誠實、對自己越不拿手的功課，就越要努力學習，千萬不要逃避。人生是修行最好的道場，困難的生命功課是考驗鍛鍊靈魂的熔爐，但某些人根本不想眞正面對，也許逃避於宗教的空想中或逃避於物質生活的幻覺中。

在我研究衆多星圖的過程中，不管是對於星圖繁複無比的設計或天上星辰錯綜萬分的推進，都常讓我感歎不已，冥冥天數的奧祕無窮，占星學家能解答的其實都只是滄海一粟，而通常我們至多只能回答一部份What（什麼）的問題，例如星座的符號代表什麼？星辰的力量是什麼？相位的意義是什麼？推進的影響又是什麼？但對於回答Why（爲什麼）卻一籌莫展，我們如何回答，爲什麼天上星辰採取這樣方式的運行？爲什麼會有這些相位？爲什麼會發生推進的影響呢？

這些爲什麼的答案，並不在占星學的知識中，而是必須從占星學的實證中領悟而出，而答案也只有一個：就是「天意」。

學習占星學就是了解天意的過程，而每一個人的生命歷程都是一則天意的演出，然而天意的境界並非以人爲奴，讓人們成爲天意演出的傀儡，而是以人爲主，讓人們可以成爲天人合一的超越。許多人不了解宿命的意義，以爲宿命等於命定論，其實在希臘人對宿命（Destiny）的解釋中，早就涵蓋了宿命的意義在於方向，即Destination，宿命是靈魂行進的方向。

因此，在生命歷程中，重要的不是「改變定數」，而是「超越定數」，宇宙的因果作用力的自然法則，可以拘束三度空間的身，卻不能限制心與靈，而生死法則可以錮囿心，但不能囚禁靈魂，靈魂演化的道路超越了宇宙時空的牢籠。

靈魂是可以體會，但無法觸及掌握的事物，因爲靈魂不是物質，自然不屬於三度空間。但我在研究星圖的過程中，卻常常感受到每一張星圖之後靈魂的存在，通常，越有前世宿慧的靈魂，在接受生命歷程的考驗時，越能逢凶化吉。而在今生越早覺悟的靈魂，在面對此生困難的磨練時，也越能由苦生慧，累積今世的智慧。

我常比喻靈魂演化之旅就像一個下尖上圓的海螺，越低度發展的靈魂，越侷促在鑽牛角尖般的空間中，根本沒有命運轉身之處，但越高度發展的靈魂，就越有海闊天空的開放空間，可以讓命運有廣大的容身處。

高度發展的靈魂，是不怕生命歷程中困難的相位或宮位，這正是靈魂接受、誘惑、試探、磨練之時，就像煉金一樣，靈魂純金的提煉要經歷許多雜質的分化，這樣的靈魂不會計較命運的得失，不會怕人間的苦楚，因爲靈魂知道昇華之路所經歷的險阻，都有純淨靈魂的功能。同理，高度發展的靈魂，也不會執著於生命歷程中有利的相位，不會陷身於世俗的成就福蔭，迷失於人間的榮華富貴。這樣的靈魂知道，生命歷程中遇見有利的相位或宮位，不該用來爲個人謀利造福的，而該爲整體人類的福祉而努力。

然而，低度發展的靈魂走的卻是相反的路，他們遇到生命歷程中的順境時，忙於積聚功名利祿又忙於縱情聲色男女，不僅不能福中修慧，反而在福中造業，而在生命歷程中遭逢逆境時，卻又怨天尤人、自甘墮落，因此無法在苦中悟道，反而更在苦中生苦興致苦海無邊了。

在我寫作《生命歷程全占星》一書中，我一直希望傳達的就是一個訊息，生命歷程本來就是變化無窮，如果讀者在書中一看到順境就沾沾自喜，一看到逆境就哀聲歎氣，那麼還不如不要知道天意造化算了。否則心情七上八下並不好過，不如學糊塗人過日子，得意時再盡歡，失意時再掉淚。如果眞要看本書，那麼最好能許下一個志願，把生命歷程當成人間道場，今世的宿慧來自過去的努力，而今天的修慧却是明日、來世的恩寵。

PART 2 ★★

外行星推進宮位
演出生命歷程的情境

PART 2

外行星推進宮位演出生命歷程的情境

4木星
宮位的翅膀飛得高也摔得重

木星進十二宮提供的寶藏只給已經靜心的人，生命之旅這時已到了一個暫時安歇之處，趕路的旅人應當停下來，在井旁找一棵大樹，在樹蔭下靠躺著，在悠悠光影蟬聲中做起夢來，而夢中生命之光擺脫了世俗的投射，真切地看到了更清晰純淨的生命圖像。

木星進本命一宮（牡羊宮）

木星進入代表初生、開創的牡羊宮，意謂著新的生命週期又展開了。通常木星在十二宮的一年，有點像重新出發前的安息年，在經過一段時間的沉潛、反省、靜思後，木星又站上了躍躍欲試的踏板，開始追尋另一次十二個生命階梯的旅程。

木星進一宮時，會使最悲觀的人也覺得有所興奮，尤其對本命一宮中有土星的人而言，木星一來將可以掃開土星的烏雲，但對於本命一宮即有木星或上昇射手，或一宮有火星這類較衝動的星星而言，木星的來到，則會有點「太興奮了點」，當事人要特別小心運用木星的力量，以免「樂極生悲」。

木星進一宮時，當事人常常會充滿了各種新的計畫、念頭、構想；有人或許想出國旅遊、遊學等等；有人想學一些從未嘗試過的語文、運動、技藝；有人可能想將一些理想付諸實現，如開一家自己喜歡的花店、咖啡店、書店、玩具店等等。有人則可能計畫將生活除舊布新一番，如重新裝潢房子，訂定健康計畫等等。

木星在一宮時，人們通常有好心情的一年，由於好心情容易讓人笑得多、也吃得多，在傳統占星學上，把木星進一宮的時候，當成人們容易「發福」的時候，對體態很在乎的人而言，這一年的節食計畫一定特別難執行。

此外，木星在一宮的時候，也是人們容易交到新朋友以及和老朋友增進友情的時候，符合了樂觀的人容易聚友這樣的話。

除了「樂觀」之外，木星在一宮，也會增進人的「自信」，讓一向有退縮、被動問題的人，在這一年，可以藉著木星的力量學習自主性。另外，木星帶來的「開放」，也可以讓人們學習走出自我那個狹窄的小圈子，去坦然接納各種新的生活經驗。

木星進本命二宮（金牛宮）

木星代表了膨脹與擴大的力量，因此進入了掌管價格與價值的金牛宮，當然會帶來價格的膨脹、價值的擴大。因此傳統占星學中被常把木星進二宮的一年，當成財運好的一年。

不過，如果二宮內沒有主星，當木星進入二宮時，木星的力量是把「有的變多」，但並不是「無中生有」。因此在我研究的星圖中，發現木星進二宮時，通常會讓一些人原本的資產感覺增加了，譬如：房地產、股票、貨幣、藝術品等等的原本價格增加，讓當事人覺得更「富有」了點。但是如果當事人並未處理掉這些增加的價格，也可能在木星離開二宮後，價格又下跌了，富有的感覺也消失了。

如果當事人本命二宮內即有一些像：太陽、月亮、金星、水星、火星、木星、天王星、冥王星之類的星星，又成吉相時，木星進入二宮，再和這些星星成吉相時，則可能帶來「無中生有」的財富。當事人這一年的生產、投資、營收將有較好的表面，形成「財運當頭」的感覺。但如果二宮內的星星成凶相，則木星進駐，當事人可能被虛幻的樂觀所欺，大肆花錢、投資，因此反而變成破財，成了賺錢不得反失財，這是木星的雙刃鋒，不可不防。

其實木星財來財去，如同不斷旋轉的輪盤，財富掉在不同人的盤子內，世俗的財富有得必有失，但非世俗的財富，將可是一再獲得卻不虞失去，例如：知識、價值、情操。木星在二宮時，當事人如果肯用心去思索，經營人生的價值，這一年將是可貴的心靈豐收期。

木星進本命三宮（雙子宮）

有的時候，人們會發現某一年自己好像特別忙，倒不見得是爲賺錢忙、爲工作忙、爲愛人忙、爲求學忙，而是好像忙著見人、見親戚、見朋友、見兄弟姊妹，許多時間都花在打電話、見面、聯絡。那一年和身邊的人的互動增加了許多，然後一年過去了，常見面的那些人卻又好像突然從生活中淡出了。這很有可能是木星進入第三宮的人所特別有感而發的感受。

除了日常的友人活動外，木星進三宮，也增加了我們和周圍的環境、媒體的互動。木星在三宮時人們並不做長途旅行，而是無數的短程旅行，尤其是探訪周遭生活圈的環境。我有個朋友，一向是全球旅人，一年中來來去去巴黎、倫敦、紐約、米蘭的，但在木星進他三宮的那一年，他很奇怪的，突然不愛跑老遠了，反而改成在台灣小島上的台東、墾丁、台中之間來來去去。

也有的人在木星進三宮的一年，和環境緊密的互動表現在較抽象的世界——「媒體」中。其實對現代人而言，有的人對廣播、電視上的人物說的話、做的事比對自己的鄰居還清楚，媒體成了人們抽象卻「實在」的鄰居。我有個朋友，在木星進三宮的那一年，做了廣播主持人。也有的人可能是突然有一年很迷某個電視節目（譬如日劇的電視迷）或某廣播節目等等，把大量的時間花在和媒體的「來往」中。

木星進三宮，有利於某些以媒體爲發表園地的寫作者，這些寫作通常不會是長篇大論的學術著作、思想鉅作或文學大作等等，而是輕薄短小，符合媒體特質的寫作。

有的寫作人在這一年內開闢了報紙專欄，或者有些人的媒體（報紙、電視、雜誌）曝光率大量增加。

木星進三宮的價值，是讓人們了解日常溝通的必要性與重要性，尤其對習慣九宮這種高等知識象牙塔的人而言，木星進三宮是放下身段、學習平凡的機會。但對於平日就習於「泛媒體」的人而言，木星進三宮卻有可能使得輕薄短小成了主流的價值，而忽略了厚、重、長、大有可能是文明更不可或缺的基石。

木星進本命四宮（巨蟹宮）

四宮是外在之家，也是內心之家，木星進四宮，反映於外的最明顯的就是購置新家。我有個朋友，買了個預售屋，建商一直拖期，但最後房子一交屋，竟然是他木星進入四宮後了，十分湊巧。有的人則是表現在裝潢舊家的行爲，有個朋友在他木星進四宮時，將一棟父母留給他的老房子重新修復，變得美輪美奐。

木星進四宮時，宜於置產，也宜於投資房地產，尤其當大環境不佳時，在木星進四宮購屋的人，常常是下一波房地產高峰的贏家。

除了外在之家外，木星進四宮時，也是人們尋求內心之家的安寧與安全之時。不管是外在內在的家，都是人們肉體心靈停留安歇之處，木星讓外在的家增大、除舊布新，也讓內心之家增大、除舊布新。因此，木星進四宮時，人們若能好好地擴大自己的心家，容納更豐富的心靈生活空間，整修毀損的心家，讓該丟的東西丟掉、該換的東西換新，這種「心家」的煥然一新是木星進四宮帶來的好意。

不管外在之家或內心之家中，都不能缺少家人。木星進四宮，也是和家人增加感情、重修舊好、分享善意大方的好機會。許多人在生活中忙於應付日常的活動，幾乎都喪失了和親密家人互動交心的機會，在木星進四宮時，是人們打開心門，與家人貼心之時。

木星進本命五宮（獅子宮）

五宮是創造之宮，可創造之事有個人的創意及自我、藝術、戲劇、孩子、愛戀等等。木星進五宮擴大了我們對這些事物的期盼。

我有一個女朋友，結婚多年，有一陣子婚姻陷入低潮，偶爾聽她抱怨說，想要個讓她血脈賁張的外遇。但是她一直沒外遇，卻在木星進五宮時懷孕了，她找到了新的愛人，即是那個在她懷中快要誕生的嬰兒。九個月後，在木星仍在五宮的尾巴，她的嬰兒誕生了，喜悅不已的她說，創造出自己的孩子可比任何的戀愛更讓她覺得「滿足」、「完全」。

但不是所有的人都同意她的看法，尤其是男人。男人最多只能「擁有」孩子，但不能「創造」孩子。因此，常常在婚後，女人忙著跟懷孕、生產、嬰兒談戀愛時，也常常是她的配偶想搞個小外遇、小戀愛、心動一下的時候了。每一個新的愛人，都代表了創造新戀情的可能性，雖然愛情的結束常常是老套，但愛情的開始卻永遠是新鮮有趣。

有的人並不沉迷於「戀愛中新的我」，而想要創造眞正的「新我」。這樣的人在木星進五宮時，會覺得內心充滿驅動力，想要去改造自己，讓自己的生活更有創意，更活潑生動。有的人幸運地在此時換了一個較有創意的工作，有的人則可能開始藉著創作音樂、美術、戲劇等藝術，來滿足自己想要創新的自我。

木星進五宮，對所有從事創造工作的人而言，都是很有生命力的一年，當事人的創意心靈會有種甦醒之感，渴望迎向創造性的春天。

人類本來就充滿了各種未被開發的潛能，但大數人「被迫或自願」選擇的日子多半是死氣沉沉，單調乏味。木星進五宮，喚醒了每個人內心當中那個「內在的小孩」。

本來人類都有小孩的原型，好奇、熱切、興奮地看待世界，願意在新天地一展新身手。但是曾幾何時，人們綁上了自己的手脚、以適應僵化的框架，木星進五宮是鬆綁手脚的好機會。

創造是多元的，但自我的創造是最眞實的，不管是小孩、戀愛或是所謂偉大的藝術，都只是想活出自我的自己去尋找來的替代品而已。替代品也可能只是另一種僵化的形式，因此木星進五宮時，人類眞正要尋回的是失樂園中的原我。

木星進本命六宮（處女宮）

木星進六宮並不好玩，因爲六宮通常意味著勞動、責任、工作、承擔。木星加強、擴大了這些事，當然不好玩。但是木星有其正面的力量，不好玩的事也可能是好事。木星進六宮時，是一個人接受訓練的時候，目的是爲了讓下個階段（七宮）——走入社會，和他人聯結時走得較爲順利。

六宮和職業的關聯很深，木星進六宮，表現在職業上，常常跟隨著較重的工作和責任，但通常並不代表是升職、升遷（高位並不一定被賦予重任，有時可能反而是閒差）。當事人可能被交付一項重要的新工作計畫，導致工作的時間加長、責任加重。

但木星是吉星，因此也意味著當事人的工作表現會被肯定。而當事人也從這種服務、責任的完成中得到對自我肯定的滿足感。

木星在六宮時，通常也代表一個人的健康狀況不錯，身心都適合接受重任。除非六宮、十二宮內主星的相位不佳，則代表工作、責任的加重，會使當事人的健康負荷不了，太累了而生病（通常是木星代表的肝、腎、膽、胰臟等問題）。因此當木星進六宮時，當事人應當特別留意自己六宮和十二宮的情況，以做好因應措施。

木星進本命七宮（天秤宮）

七宮是婚姻、合夥人之宮，木星進七宮，對於猶單身獨處的人而言，這是尋覓良伴的好機會，木星會擴大人們可能遇到夥伴的機會。換句話說，就是緣份增多了，因此傳統占星學上常把木星進七宮，看成適婚期人們可能的佳期。

不過木星進七宮，雖然激起人們渴望找個良伴的動能，但成不成還要看七宮內主星的相位，與木星進七宮時和其他星星的相位（尤其是月亮、金星），如果兩者相位都不佳，則也有可能是遇得良人卻結不了良緣，或遇人不淑而無法結緣，或因三心兩意而蹉跎姻緣。

木星進七宮，也可能帶來的是職業上的好聯盟，尤其對從事法律、出版、宗教等相關工作的人最爲有利。如果七宮的相位良好，木星進七宮後又和其他星星成吉相，則意謂著當事人會遇到對其事業有利的貴人或協助者。同時，由於木星代表的善意、大方，也使得在工作上人與人之間一對一的溝通與共事變得更和諧，對於在職場上有人和問題困擾的人，在木星進七宮的一年，常是「人和萬事興」的一年。

此外，木星進七宮時，也可能意味著當事人的人際來往、工作接觸和外國人的緣份增加了。當事人可能會常常要和外國人共事、接待外賓或與外國機構合作等等。有的時候，當事人的婚姻對象也會反映了這種木星的特質，可能是與外國人或遠方來的人結婚。

木星進本命八宮（天蠍宮）

八宮是集體資源之宮，木星在此，在傳統占星學的世俗解釋中，常代表當事人會有遺產的饋贈。但這裡所謂的「遺產」並不一定只來自當事人的父母、祖父母、叔姑舅姨等等血親、姻親的贈予，也可能是來自社會集體的財富，如股票、樂透、大企業的利潤等等。總之八宮是他人之財富，此「他人」可小可大，小至其他個人，大至整體社會、全球等等，我看過不少星圖反映出這樣的現象，有人自父母處繼承了房子金錢，有人在股票市場大有所獲，有人中了獎，有人和大公司做生意的利潤良好，有人從保險公司獲得了各類的保費等等。當然此木星之財可大可小，有人可能繼承、中獎數萬元到數十萬元，有人則可能獲得數千萬、數億元不等。

而除了「財」之外，八宮也是他人「富」之宮，有人在木星進八宮時，獲得了前人知識之寶，有人深研人類集體文明的豐富而有所獲益，有人或許發現潛藏的古文明智慧，有人則探訪人類集體心靈的奧祕（八宮），而從其中汲取無上的心靈果實，這些也都是木星進八宮可能的各種現象。

總之，就像木星進二宮一樣，木星進八宮帶來了世俗金錢與非世俗價值的雙重可能，而一己的金錢可擁有的時間有限，人類集體的富有卻是與時共存的，八宮是分享之宮，人們在此經驗與他人分享金錢（繼承），也與他人分享智慧與價值（傳承）。

在木星進八宮時，是人們打開人類集體經驗、智慧、文明傳承之門的好時機，尤其是那些越隱晦、越深沉、越奧祕的傳承。因此個人若能在木星進八宮時開始研習玄奧之學，將踏上美妙無比的尋寶之旅（我個人即是在八年前正式開始這趟尋寶之旅的）。

木星進本命九宮（射手宮）

木星進九宮，如同鳥籠的門打開了，讓木星青鳥飛翔在開闊的天際，木星進入第九宮，最普遍的現象是當事人渴望長程旅行，而且越遠越好，越久越好。我自己則是在木星進九宮的那一年，揮別了十年的電視工作，在五大洲旅行了近一年。

因爲長途旅行，總是會到達不少遙遠的國家、遇見陌生的人群、見識不同的文化，所以木星進九宮也意味著和異國文化的緣份增加。異國、異鄉、異言、異俗、異景、異情，都增廣了我們的見聞，讓我們從自己的「心田」出發，而走向更大的、更多人類共享的「共田」。

九宮也是學習、教育之宮，和三宮的不同在於，三宮是基本的學習和教育，而尤以日常的見聞爲主，像左鄰右舍之談、大衆輿論之說和媒體泛泛之言。九宮則是高深的學習和教育，因此是出類拔萃的知識、見解、哲學、理論。木星進九宮時，適合正式與非正式的高深教育，正式如去唸個碩士、博士，非正式的則可通過各種的自修或社會大學，去學習較深的知識系統，開拓人類更高的潛能。

九宮也和出版、信仰、宗教有關，當木星進九宮，當事人適合出版或寫作較高水準的作品，也適合從事心靈及信仰的探索，以建構自己和較高精神能量的天梯，迎回神聖的啓蒙訊息。有的人則在木星進九宮時，和宗教結緣，以期能開拓自己精神的天地。不過，宗教只是信仰的一個形式，而非全部的形式，如果當事人所參與的宗教，並不能提供精神及信仰的開放與開拓，則將辜負木星的能量。

木星進本命十宮（摩羯宮）

在傳統占星學中，木星進十宮是一個人地位提高，獲得升遷、事業表現的大好時候，不過，這種世俗最看重的「成功」程度，則因個人十宮內主星的相位，與木星在十宮和其他星星所成的相位而有所差異。有人木星進十宮可以被選上做總統，有人則可能只是升爲小科長。

其實十宮（社會表現）的成功，只是人類無數成就中的一種，而有時十宮的成功並不一定代表當事人對人類有重大的貢獻（十一宮、十二宮的成就還更有可能）。有時十宮成功的人，也可能是對婚姻伴侶、家人、朋友十分差勁的人，但是通常人們都習於過份看重十宮的成績，主要是因爲十宮所呈現的是「社會眼中的個人表現」，是「個人在社會舞台的演出」，是「個人在社會中的地位與聲望」。

由於十宮是摩羯宮，和權力關係密切，因此木星進十宮的成功也通常和權力的獲得有關，譬如說因升遷帶來的權力增加。對於管理階級、政客等，木星進十宮最能讓他們感受到這種權力的擴展，以及社會地位的擢昇及他人的欽羨等等。但這些權力的獲得常常只是個人私權延伸到公共領域（如職場、政界），另一種形式的權力是較大的公共權力，我們可稱之為影響力，則也可能在木星進十宮時表現，這時當事人的成就必然就不只是滿足個人的欲望與野心，而是服務、造福較多的社會大衆。

木星進十宮，要特別小心權力的過度使用與濫用，木星會使個人份外膨脹，以為自己的意志即代表衆人的意志。許多木星進十宮的人，在個人升至高位之後，反而帶給周遭人群、公司、社會、國家更多的禍害，這即是木星進十宮最不幸的狀況。

木星進本命十一宮（寶瓶宮）

木星進十一宮，是「廣結善緣」的好機會，但這裡結的善緣，並不是想為自己找個伴，或增進工作的方便與人情的效用。十一宮的善緣出發點是大家一起共同做點事，為衆人謀福利。

因此，木星進十一宮時，人們可能和鄰居組成社區管理委員會，一起共同努力維護環境，或者加入收容流浪犬之家，照顧街頭的喪家之犬，或者組織敬老會、愛幼會等，或者參與國際救援活動，爲地球村的子民盡一番心力。

木星在十一宮帶來的利益是「公利」，不像行經一宮至十宮的木星利益，都多多少少和個人的財富、親人、夥伴、工作、事業、健康有關。木星進十一宮，是木星經過十個階段的豐收後，來到了「回饋」的階段。

木星進十一宮也是「衆志成城」的時候，做好事要大家一起來，因此木星進十一宮時不是個人單獨行善、回饋社會之時，而是加入有理想目標的團體、號召同志，大家一起爲他人謀福。木星進十一宮，是深切體悟「世界大同、民胞物與」精神的良機。

由於十一宮是分享之宮，因此木星進十一宮，也是分享人類知識之果的時期，和木星進九宮的知識追求道路有所不同，九宮的知識追求是較個人，以個人的體悟尋道爲重。但十一宮則是較同盟的尋道與分享，因此像共濟會、羅馬俱樂部這類尋道的學會，最能代表木星進十一宮的知識追求。也因此，在木星進十一宮時，加入某個學會或成立一個學會，以分享知識之光，將會是尋道之路美好的開始。

木星進本命十二宮（雙魚宮）

宗教最高的境界是「無我」，但世俗宗教很少敢以無我的精神修鍊吸引信衆，反而都是保證信衆「信教得我」——我的財富、名望、事業、婚姻、身體等一切平安好運。木星進十二宮教導的正是無我的眞義，因爲十二宮的最高境界是無我的昇華，而同時十二宮最險峻的溝渠亦是無明的墮落。

由於木星在十二宮顯現的力量很幽微，很多人忙於俗世活動，根本無法體會到木星在十二宮所提供的恩寵，這些人或許把生命的獲得只侷限在幾件俗世之事，常常苦於尋不到入寶山的門徑，但也有可能木星在十二宮這樣的寶山的門打開了，當事人卻仍然入寶山而無所獲，空手而歸。

因爲木星進十二宮提供的寶藏只給已經靜心的人，生命之旅這時已到了一個暫時安歇之處，趕路的旅人應當停下來，在井旁找一塊大樹，在樹蔭下躺靠著，在悠悠的光影蟬聲下似睡非睡地做起夢來，而夢中生命的光影擺脫了俗世的投射，從宇宙的光源投射而出，在那裡，人們開始眞切地看到了更清晰純淨的生命圖像。

十二宮是人類集體的大夢，神話、信仰、宗教、藝術的發源地，在木星進十二宮時，人們應該多親近這些屬靈的事物。冥想、瑜伽、太極也是幫助靈魂和潛意識對話的好活動。有時，木星進十二宮時，有心尋求靈魂淨化的人，會在此時遇到重要的精神導師，指引其精神昇華的天梯；而對於已經走上淨化天梯的人，這一年也是伸出援手拉拔後進的好時光。但不管是助人者或受助者，基本上都要破除自我的迷障，十二宮不是世俗收穫之地，所有的恩典都來自天意，也回歸天意。

如果一個人木星進十二宮中有一些受剋的主星，當木星行進此宮時，則要小心木星過度發展所造成的「狂信」，譬如過度耽溺於精神活動的追求，或過度崇拜他人或自我的精神權威。這些狂信者最大的問題即在於膨脹的自我，把精神、信仰、靈性、宗教，全化成自我欲望、意志的延伸。把木星的善意變成虛飾，這是木星進十二宮時要特別小心的負面作用。

PART 2

外行星推進宮位演出生命歷程的情境

★

5 土星
宮位帶來重擔也教導責任

土星、木星二十年會合相一次，在西元兩千年時，人類普遍會遇到土木合相於不同宮位的處境，這有點像是狄更斯的《雙城記》中所說，「這是最悲觀的時代，也是最樂觀的時代；最好也最壞，最光明也最黑暗。」

土星進本命一宮（牡羊宮）

在土星跨進一宮前，會先和上昇交點（也可稱上昇星座）成合相，當事人將會強烈感受到土星進一宮的效應。通常如果在土星上一個十二宮的循環（二十九年半），當事人覺得自己在俗世已有所成，這時會有種重擔落地，責任已了的疲乏感。生命的追求將暫時轉向自我的整合與內在的追求，但如果當事人覺得在上一個循環一事無成，土星至此將使人覺得十分悲觀、陰鬱，覺得生命太沉重，充滿限制。當事人會想好好掙脫這些束縛，重新開始人生。

有些人或許會訂定不少計畫，希望能突破現狀，但土星在一宮時，並不是開始新計畫的好時機（和木星進一宮的作用相反），當事人會發現只要是新的計畫，似乎總是會受到各種無形因素的阻撓，當事人越想突破、越想大展身手，就越覺得綁手綁腳，窒礙難行。

土星進一宮，是整理舊我，而非開始新我的階段。外在的追求，是土星從七宮至十二宮的主要工作（其實土星在十二宮已經是收拾攤子，準備動身離開了）。從十二宮的準備，到一宮，土星來到了向內追求之路，這是生命動能的大勢，無法抵抗。土星帶來的限制，是願意自我限制的人的基石，卻是不願意自我限制的人的牢牆。

由於土星、木星二十年會合相一次，在西元兩千年時，人類普遍都會遇到土木合相於不同宮位的處境，這將有點像是狄更斯的《雙城記》中所說，「這是最悲觀的時代，也是最樂觀的時代；最好也最壞，最光明也最黑暗。」對於土、木星進一宮的人而言，則是最想動又最不能動的時候了。這時除非木星的相位特別強及有利，否則土星的力量及時效通常會比較強且久。

土星進一宮時，由於常常是某個工作、心境、計畫到一個段落之時，當事人最不耐重複往日。我認識一個朋友，就在土星進一宮時，辭去一份在社會上堪稱不錯的高薪工作，一心計畫與男友一道出國遊學。但奇怪的是，各種計畫都遭到拖延、阻礙，拖了一年半，也沒出成國，和男友也分手了。這是十分典型的土星一宮現象，「舊的已遠、新的不成」。因此，土星進一宮時，最好不要依據新計畫來安排生活，非要辭職也可，但不可爲了想出國，否則常常會造成兩頭落空，新舊皆無的處境。

土星進一宮時所形成的阻礙，常常讓人感歎時運不濟，尤其原本自我過強的人。土星進了自我之宮（牡羊宮），若一宮內本來就有太陽，火星、冥王星這類強悍的星星的人，更會覺得龍困淺灘、行不得也。這當然是一般人看到的明顯的土星負面作用，但是，凡是有負並有正，這種限制與折磨，其實就像粗糙的鑽石磨光一樣，是爲了讓人們能經由土星的提煉而萃取出更純淨的光芒。土星進一宮，是爲了除盡人們自我的銳氣，磨亮自我的粗糙。

土星進本命二宮（金牛宮）

在傳統占星學中，土星進二宮時，是一個人財運不濟之時，我看過不少的例子，有人是辭掉了工作後，做自由接案者以致收入銳減；有人是公司的營利大幅減縮，甚至出現赤字；有人是借予他人的錢有去無回，有人是投資股票基金而被套牢等等。總而言之，土星進二宮時，當事人總是會從不同的方式而共享一份銀根緊、錢變薄、收入不繼、財運不佳感。

這種因錢不夠而產生的對錢沒有安全感，使得土星進二宮的人會特別覺得要儉省過日子。因此，再大方的人，在土星進二宮後都會變得想小氣起來。而有的人也因爲覺得錢不夠，而更想要錢，反而會想靠著放利打會來賺些錢，偏偏土星在二宮時，所有這類行徑都可能收到反效果，越想賺錢反而越失財。

生意人最怕土星進二宮，而把錢看得特別重的人也十分不喜歡土星進二宮。好在這個循環二十九年只會輪到兩年多，不長但也不短，但對軋頭寸過日子的人而言，一天就夠受了。不過土星進二宮時，如果能順受而不逆來，則日子會好過點。

土星最會懲罰的是過份樂觀的木星（土、木對立），因此在土星進二宮前，膨風得越厲害的人，吃得苦頭越大，例如透支過度的人，在土星進二宮時調度不來就只好宣布倒閉，借錢做股票融資的人，如果一、二年大勢不好，也可能傾家蕩產。反之，如果一向穩健的人，碰到土星進二宮，一時銀根收緊，但只要熬得住、守得住的人，則都可能是下一波（土星離開二宮後）的贏家。我看過一些朋友的例子，有人借錢玩股票有去無回，有人見大勢不好認賠出場，有人熬過了兩、三年柳暗花明又一村。同樣開始都是土星進二宮，卻有可能有不同結果的命運。

其實，過份強調土星在二宮的財運，並不是土星進二宮的眞義。二宮的意義絕不只是財，還包括了價值與資源。土星進二宮時，不僅考驗我們如何掌握有形的金錢，也考驗我們如何掌握人生的價值與資源。

土星進二宮時，提供了一個絕佳的機會，讓人們看到所謂金錢無常的現象。無論生意人或任何人，儘管覺得自己多努力、多聰明、多能幹，有些時候，人生中就是有些處境你不得不遇到。金錢有四條腿，人只有兩條腿，錢眞的要離開你，你怎麼也挽留不了。但是生命內在的價值和資源，卻像礦山一樣，充滿了寶藏，等待人們去挖掘，但通常人類都不屑一顧，只想追逐眼前過眼煙雲的現金、珠寶、股票、華廈美服等等。只有在土星進二宮時，有些人才被迫驚覺眼前的財富不可靠，但人生中還有哪些有價值的事物呢？

土星進二宮，讓我們懂得「戒愼」起來，也許我們一向以爲是黃金的，有時不過是砂礫，但我們所不熟悉的生命價值與資源，卻是眞正會發出永恆之光的生命鑽石。而同時，對待生命的價值與資源，也要懷著一份「珍惜」、「吝惜」之心。土星進二宮，最有意義的「小氣」，是對地球資源的小氣，不要隨便浪費資源，只取所需，不取所欲，學習世界各地原住民未受汚染前對待地球資源的態度。這是土星進二宮最有價值的學習。學習「吝嗇」的高貴處在保護地球，而非堆積金銀珠寶

土星進本命三宮（雙子宮）

在土星進一宮時，重新界定自我的目標，進二宮時界定自我的價值後，土星來到了要重新界定自我和日常環境的關係。

所謂的日常環境，包括了許多我們習以爲常、視之當然的一些活動，像怎麼講話

穿衣、思索、溝通、行動等等，也包括了周遭的一些人群，如兄弟姊妹左鄰右舍，再加上日常最佔據人們心思的大衆傳播媒介，像報紙、雜誌、廣播、電視等等。土星進三宮，讓我們和這些事物產生了一些摩擦與限制，讓我們習以爲常的生活不再那麼平常，讓我們重新思索尋找自己和環境（人事物）互動的責任。

我認識一個朋友，在土星進三宮時出國（本命三宮再加上地運九宮——異國），他充份體會了日常生活的艱難與限制。他說，從轉換成不熟悉的異國語言與他人難溝通，到打開報紙、電視都是不熟悉的事，到左鄰右舍的陌生人，再到連叫人來修冰箱、鋪地毯這類的小事，他都得全部重新適應，讓他發現過日常生活的不簡單。我們從小到大，習以爲常的事，重新來過，才發現處處是學問。

另一個朋友，在土星進三宮時，和惡鄰居卯上了，她受不了左鄰老是把電視開得震天響，幾次交涉，對方卻越開越大聲，最後她索性只好開大音響對付。兩家都變得像裝了擴音喇叭的市場，弄得她日常生活不寧，情緒大受困擾。一直想賣房子搬家的她，卻因爲房地產時機不佳而沒賣成，但奇怪的是，在土星離開三宮後，鄰居突然變得十分安寧，後來，她才知道鄰居那個愛把電視開大聲的老人過世了。我的朋友雖然得到了耳根的清靜，但心靈卻又不安起來，她不免自責自己是不是對一個垂危的老人太苛了。

也有人在土星進三宮時，和兄弟姊妹、姑嫂叔舅等不合，如果三宮有土星嚴重受剋，也可能在土星進三宮時和媒體產生糾紛（如在媒體上出了惡名，或和媒體打官司等等）。

總而言之，土星進三宮，是考驗我們自身的日常行爲、習慣、態度和周遭人群環境的互動，許多的對立都是自源於對差異的不能容忍，但是三宮的課題就是雙子多樣性、多變遷的面貌。土星教給我們忍耐的重要性，同時保證我們，任何事都有時間表，不管吵不吵、鬧不鬧，問題總有過去的一天。

土星進本命四宮（巨蟹宮）

四宮是內心之家、外在之家、家人、父母。土星至此，通常會在以上領域反映出一些困難，我有個朋友，剛從國外回來的那一年，一面忙著找房子（家）安頓一家大小的同時，偏偏父親又病重住院了半年。他忙於「房事」又忙於「家事」，內心之家自然也不好過。還有一個朋友，在土星進四宮時，新房子交屋了，偏偏山坡地的舊房子賣不掉，於是兩邊繳貸款，壓力十分沉重。還有一個朋友，在土星進四宮時，屋子開始漏水，搞得地板反潮、家具受損，花了好多時間、金錢才修復了家。

由於四宮和十宮相對，有時十宮事業的問題會影響到家庭，而家庭也會影響到事業。我看過另一個例子，有個朋友原本公司有意升遷他負責南部的新廠，但偏偏他的妻子生病了，如果他台北、南部兩頭跑，根本無法照顧家人，於是他只好忍痛放棄這個獨當一面的機會。

不管是內在、外在的家，都是人生的基石，一般人或許願意爲外在的家，不管是房貸、修復、裝潢投諸心力，或對父母家人加以關懷，但卻較少關注照顧自己的內在之家，使得許多人的生活中，空有外在的家與家人，但自己的內心世界卻逐漸枯萎淒涼，變成了一個空洞的內心之家。

土星進四宮時，不僅讓我們看到我們對外在之家及家人的諸多責任，更重要的是要提醒我們，也要關心自己的內在之家。在照顧房子、父母、家人的同時，也要照顧自己的心，因爲一個沒有心的人，只是徒具形式的空殼，根本無法付出愛。而許多人在土星進四宮時，都過得像徒具軀殼的空心人，只感受到生命的沉重。

因此，把握土星進四宮的這幾年，用心去經營自己的家，從內心之家的穩固開始，再擴及遮閉風雨之家。否則就算爬上了事業的高峰（十宮），一個根本不愛自己內心及家人的人，怎麼會懂得愛及服務社會呢？

土星進本命五宮（獅子宮）

奔放的獅子宮，遇到謹慎自律的土星，勢必要調整步伐。土星進五宮時，個人的自我表達必須要來自持久的耐心、仔細地規畫。對於藝術家而言，土星進五宮時，崇高直覺的浪漫主義是無效的，必須改成講究結構平衡的古典主義。

在傳統占星學中，土星進五宮時有時會有小孩及戀愛方面的困擾，有的人可能經驗自己的小孩年屆青春期，開始反抗父母。代表權威的土星和爭取自主性的獅子五宮自然水火不容。有的人則困擾來自於戀愛事件，而土星進五宮時的戀愛，常常很奇怪地反映出老少配的狀況，有人是和比自己年紀小許多，有人和比年紀大許多的陷入戀情，而彼此的關係也自然反映出一方權威凌駕另一方的情形。

有時，有的人在遭遇土星進五宮時，事情更複雜。我認識一個中年女子，在土星進五宮時，和小她許多的少年發生戀情，但同時，自己的小孩在察覺母親的戀情後離家出走。

在傳統占星學中，也特別把五宮和賭博扯在一起，彷彿小孩、愛情也都像人生的賭博一樣。因此在土星進五宮時，卻會規勸當事人不要玩金錢遊戲，任何風險大的投機行爲都應避免。

土星進五宮的內在課題，其實就是學習「謹愼」，因爲獅子座以大膽、勇氣出名，但有膽無慮、有勇無謀卻也使得獅子座的創造性屢遭挫折。土星入獅子五宮，就是要學習謹愼、耐心，謀定而後動。

土星進本命六宮（處女宮）

土星進六宮，有點像新生訓練，因爲土星在進七宮後，就有一連串的社會角色與責任要承擔，在六宮時，土星要先學會界定自我和責任、服務的關係。

在傳統占星學中，通常是把土星進六宮，和工作及健康的困難扯在一塊的，這兩者看似無關，其實大有關係。人類自生下來後通常都要被訓練去做一些「工作」，而這些工作不管是幼年的上學、做功課、考試，到成年的求職、上班等等，人們常常累積了許多對工作的不滿，卻又無法逃避工作的重擔。因此，小孩子常藉著生病不上學、大人藉著生病不上班，有時生病是假的，但內心的疲倦厭煩卻是眞的；有時則煩到眞的生了病（身心症）。而許多人的疾病眞的是從工作而來的（不管是工作壓力帶來的胃潰瘍、肝病、心臟病等等），而健康的崩潰當然也會影響工作的表現，工作與健康，兩者互為表裡。

土星進六宮時，一般人最容易感受到的就是厭煩的感覺，常常對工作不起勁，人也提不起精神，成天到晚很累，最後就變得病懨懨的了。土星在此，要考驗的不是我們對厭煩、對工作的承重有多少？而是考驗，我們是否明白，什麼工作在人生中是重要的，是需要的？

一般人都習慣把工作、責任當成外加於內的；都是別人要我們做的事，別人要我們負起的責任，而個人的自主權與選擇性卻被美其名的「為工作奉獻」、「為責任盡勞」所犧牲了。其實土星在六宮，真正要教給人們的是「對自己的責任感」，而不是「對工作的責任感」。要自己選擇想做的工作、挑起改善自己的責任。只有勇於為自己負責的人，才會感受到責任的歡愉，而非痛苦。如果做不好這項工作的人，在土星進七宮後，又被迫進入社會舞台時，則更容易把生命的困難推諉他人（配偶、同事、合夥人等等）。

土星進本命七宮（天秤宮）

土星進七宮，常常是個人首次、再度、重回社會大舞台的重要契機。與他人的互動，成爲土星進七宮最重要的課題。

如果土星和十宮內的主星，形成良好的相位或土星和七宮起點的下降點成合相時，常會跟隨重要的擢昇。我有個朋友，在事業有成的中年時移民加拿大，在異國一直沒有好的發展，返回台灣後也一直高不成低不就，卻在土星合相下降點，又跟十宮的冥王星成一百二十度和諧相時，經獵人頭公司的介紹，被一個外商公司聘爲總經理，等於是事業的起死回生。但上任的他，卻不得不面對公司人事的紛爭、同僚的鬥爭，使他常感歎「不得志時青山綠水太寂靜、得志後卻叢林野獸多險惡」。這即是典型的土星進七宮的前後對照。

除了事業、人事的問題外，有些人在土星入七宮後遭遇困難的家庭問題（主要是與配偶有關），尤其當四宮內有主星與七宮相剋時，問題則較嚴重。有些人在此時與配偶冷戰不已，有人分居離婚，有人則生離死別，還有人則是反映在某種「沒緣份」的狀況上。譬如我看過一個星圖，當事人的先生在其土星進七宮的近三年中，被公司派去越南設廠，平均三個月才回家一次。不過，如果七宮內無剋相的土星，土星進七宮又無和其他星星成不利相位，則夫婦相剋的現象也就不會那麼嚴重，最多是雙方較容易互不相讓罷了！

土星在七宮最主要的課題即是「合作」，但人與人之間，同事與同事之間、夫婦之間，最困難的關係就在於不能合作。人類的基因，本來從精子與卵子結合後，基本上就是以競爭爲重，但競爭雖是生存所需，卻也是人類進化之害。基本上越高等的動物，就越會掩飾競爭及崇尚合作的「功利性」。但當土星進七宮時，光是功利的目的並不能教人避開競爭本能的魔咒，要解除你爭我奪、我活你死、我先你後的優勝劣敗法則，則是土星在七宮最困難的功課。

土星進本命八宮（天蠍宮）

八宮是原欲之宮，充滿了性、權力、金錢的鬥爭，土星進七宮若是「人與人的對立」，則土星進八宮將是「人與欲望的對立」。

在傳統占星學中，土星進八宮是很凶惡的處境，老派占星學家總警告世人要特別小心麻煩上身。我就看過一個星圖，有個五十多歲的婦女在土星進八宮的那幾年內，日子難過極了，先是她的丈夫患了癌症，在陪守絕望病榻的同時，垂死的丈夫竟然和同病房中另一位垂死的中年女人談了一場絕望的垂死之愛。被嫉妒纏身的她卻無法發作，然後是丈夫過世，悲痛的她卻也不免想著丈夫也許已經在等著另一個女人了。由於先生並未妥善留下遺囑，導致先生與前妻所生的孩子開始與她爭奪遺產，而法院在稅務考量下下令，把她和先生共有的財產都凍結了，然後是不停地上法院、打官司……。這個婦人的遭遇，竟然有著土星在八宮可能有的大部份元素：嫉妒、死亡、遺產爭奪、稅務問題。

土星在八宮，帶來的考驗，即在看人們能「放下」多少欲望，但是，人有七情六欲，每個人都覺得自己的欲望最正當，爲什麼不是他人放下欲望呢？於是，土星就帶來了人與人之間的原欲衝動，金錢的功能類似食物，是生存所需，性的控制代表自己基因的繁殖，權力是領土佔有欲的延伸。土星在八宮，測試人類在物種演化的歷史中，到底還受動物原始本能的控制到什麼樣的程度。

土星進八宮，也是人類面對生命（活著的欲望）和死亡（必然的結束）永恆的爭鬥的時候。通常土星在此的死亡並非當事人自己的，而是與其熟悉親近的他人，透過他人的死亡，我們見證了生命永恆的自然法則：生老病死、成住壞空，學習坦然接受這個法則。不要恐懼，不要抗拒，讓生存的欲望隨宇宙寂滅共存，是土星進八宮最艱難的悟道。

土星進本命九宮（射手宮）

土星進九宮時，是人們攀登事業或社會地位高峰前的準備站，有點像攀登喜馬拉雅山高峰的登山手會在最後的衝刺前，紮營於附近的隘口。在這個階段，最重要的課程是「高等的學習」。

一般人總習慣把高等的學習和高等的教育扯在一塊，其實學習未必一定要經過接受制度化的教育，自我學習才是領悟智慧的終極指南。土星在九宮時的正面意義，強調人們應當學習建立一套自己的哲學或信仰系統，以便在土星進入十宮，和廣大的社會接觸互動時，當事人不致迷失在浮濫的社會價值中。就像登山旅人在接近高峰前暫停以儲存精力。人們在土星進九宮時，也應當儲存自己的信仰和哲學，以求在攀登事業高峰時，不致在峰頂暈眩忘形。有智慧的登山旅人，從不說他們征服了高山，他們總強調在峰頂時所感受到的人類的渺小，偉大的高峰只容人類「暫時停留」，人總是要下山的，而山仍是山，高峰永遠屹立在那兒。人生不管再偉大的事業，再崇高的社會地位，不也是這樣嗎？最多只供人類「暫時擁有」，沒有誰永遠在人生高峰不退場的，而代代都有風雲起，最終仍是萬古寂寞。

在傳統的占星學中，有一派看法，認爲土星在九宮時，不宜出國遠行。其實這個看法是根據古人只要遠行，通常一待就會好幾年，因此會錯過土星在九宮的準備衝刺期以及土星進十宮爬上事業高峰的豐收期，因爲一出國，地運不同，就錯過了這個機會，這種看法也頗符合滾石不生苔的說法，跑來跑去的人未必沒好運，但運氣不好的人，卻可能一跑就跑掉了運氣。

不過，如果當事人的九宮中本來就有土星作祟，或有特別不良的星星相位，則土星在九宮是可能出國不利的。像我有個朋友，第一次去日本就遇到神戶大地震，第二次去美國，也遇到了舊金山大地震，這種奇怪的巧合，就是會發生在本命土星、流年土星都在九宮的人身上。

土星進本命十宮（摩羯宮）

如果十宮內的主星相位良好，或土星進十宮時和其他星星形成了良好的相位，則土星進十宮時，常是一個人的事業高峰。因爲土星在事業宮帶來了更多的重擔和責任，當然意味著「能者多勞」。不過，這種事業的高峰自然是很辛苦的，尤其四宮內如果有星星與之相對，則代表對家庭的責任必然有所忽略，同時，當事人也會有一種「一切得來辛苦」、「我應得的」這種感受，有時土星過強的人，會忍不住展現威權、希望別人更看重他。也因此土星進十宮時，當事人即使身居要職、高位，卻未必受人歡迎、景仰，不像太陽、金星、木星進十宮時，那麼得衆望又自在。

當十宮內主星相位不佳，或土星進十宮時，和其他星星成不佳相位時，則當事人對事業的野心則可能會遭遇挫折。通常這時候當事人或許更上層樓，但不佳的土星也許使人反而從高峰跌下，或勉強待在高峰卻不勝苦寒。十宮不僅代表事業，也代表人們和社會的關係及人們自以爲的社會地位。另外，十宮也反映出我們的父母所投射於我們身上，希望我們在社會上的表現。因此過強的十宮都常意味著過份自卑的情緒，因此，十分看重事業表現的人，也往往是內心深處非常自卑的人。土星進十宮時，會喚起人們這些不好受的自卑情結，人們總是暗自恐懼人們打量他時，心想「你是誰？」「你是叫得出字號的人物嗎？」都是源自於童年時渺小、無能的心理陰影。

土星進十宮時，最大的考驗來自於人們和權力（十宮所象徵）的互動關係。權力可以是自我控制的權力、控制他人的私權力、服務他人的公權力、人類共享的人權等等。但一般人的權力概念，都還停留在私權——自我控制與控制他人。權力只是原始自我意志的延伸與展現，因此，人們就常看到擁有「權力」的人，極可能是最會鬥爭的，最貪婪的，最自私的……這也是爲什麼一般人都敬畏政客的權力，但又不屑政客的人格。

土星進十宮時，是權力是否獲得淨化與昇華的人間道場，也是所有攀登事業、人生高峰時人們該聽這樣的話：「不要問我從社會得到了什麼？該問問我對社會付出了什麼？」

土星進本命十一宮（寶瓶宮）

對於過份看重土星進十宮的外在意義（如社會地位）的人，土星離開十宮時，常常對人生的光環自其頭上消失這點很不適應，因此在土星進十一宮時，當事人的反應，常常是既然從社會（事業）退出，那麼就等於和人群或團體疏遠，這是最負面的土星能量在十一宮的展現。

正面的土星能量則不同，不要再戀棧事業、社會地位這套十宮的價值了，歡迎來到十一宮接受自由、平等與博愛，不要老是記掛著「服務社會」或「自社會獲利」（十宮），而是該好好回饋社會、回饋人群了。

十一宮的付出是不計回收的，和十宮的事業，有投資就要有回收不同。十一宮做的是義工的工作，人們分享社會的資源，而非由誰最強、最能幹就能獨得一切。十一宮重視平等，因此不管誰是社會強人、高人、能人，在義工的團體中理應人人平等（但太多所謂的義工團體做不到這一點）。十一宮是人們打破血統、家庭、社會、種族、國家、物種的界限，對所有的人類、生物付出廣博的愛。

因此，土星進十一宮，所提供最重要的課程就是了解「共享」的意思。從一宮到十一宮，人類的能量都用在強調自身利益的獲得。不管是生存、金錢、安全感、性愛、權力、知識、地位。而其中除了不斷強調「獨佔」外，還提倡「分享」的價值（例如和家人、友人、配偶、同事等），也和個人延伸的利益有關（合作來創造更大的利益）。但是十一宮的價值則是「無條件地共享」，視一切物種（有機和無機生物皆在內）平等，以共享生命的利益。

土星進本命十二宮（雙魚宮）

土星進十二宮，傳統占星學中認爲：是輪迴報應與現世報應一起兌現之時。這些話聽來很玄，但對一些有親身經驗的人，卻不能不感歎造化的奧祕。不過，明顯的好報及惡報，通常不單只是土星進十二宮的力量，這要加上土星進十二宮時，和十二宮內其他主星合相所造成的影響。若十二宮內主星良好，而土星入十二宮又和其他宮內的星星形成好的相位，則是善果好報當頭，若反之，則變成苦果壞運纏身了。

有的時候，在看星圖時，發現有些人遇到一些壞事的時機，眞的就如占星學教科書上所說的那麼準確時，誰能忍心就用一兩句因果報應的話去打發受苦的當事人呢？誰會認爲自己「罪有應得」？誰又能爲自己「過去的因果」負責呢？但是，如果星圖上沒有顯現道理，那麼讓人接受「天降橫禍」、「無妄之災」、「活該倒楣」這些說法，難道就更說得過去嗎？其實相信因果也未必一定是壞事，遭逢了劫數，至少可以安慰自己「苦盡」了才有「甘來」，「痛」不欲生後，才能不亦「快」哉！

土星在十二宮時，遇到的問題常常很獨特、奇怪、迷離，有的人表現在強烈的精神不安，我認識一個女孩，在土星進十二宮後，得了人潮恐慌症，她除了待在自己家裡才覺得安全外，去超級市場、百貨公司、電影院、街上，只要人一多，她馬上就有種噁心想吐及忍不住要昏倒的感覺，她到處看的醫生，卻不得要領，最後她開始採取催眠療法，再加上輪迴占星學的心理解釋，才使她慢慢地康復。而奇妙的是，她的症狀開始減輕時，正是土星慢慢離開十二宮之時。

土星進十二宮最重要的功課就是「覺察無明」，在一宮至十一宮，人類的視野從自身到環境到家庭到情人、配偶、他人、學校、社會、團體、國家乃至全球，我們還都是活在感官及物理法則的統御之下。但是十二宮卻是夢、潛意識、超時空，十二宮中包涵了太多玄奧、神祕、無法解釋的世界。

當人類眞正能謙卑地面對在世界之外的世界，在有形之外的無形，或許人們也就不會再相信「人類是萬能的」這樣的謊言，而更願意接受生命輪迴與進化的挑戰。土星在十二宮的精髓也在於「了解因果法則後，立功德除業障」，只有新的方向才能更改舊的路線、只有新的行動才能更改命運的方程式。

PART 2

外行星推進宮位演出生命歷程的情境

6 天王星
宮位不怕多變只怕混亂

天王星帶來的轉變是很難避免的，要適應天王星的力量，最好帶著順應自然的心態，傾聽內心對改變的需求，若想避免天王星的負面力量，則要用「以變因變」的方法，主動開創新局、領導生命變革才是因應天王星力量的正途。

天王星進本命一宮（牡羊宮）

在天王星進入一宮前，會先和上昇點會合，在這個時候，許多人會經歷自己的外表、儀態、穿著、生活方式及言語表達、個性特徵的改變，這些改變通常來得很突然，不像海王星那麼撲朔迷離，也不是冥王星那種長久醞釀，當事人通常不預期自己會有這些改變，然後彷彿一場夏天的雷陣雨，改變轟然落下。

有人突然迷上一些標新立異的服裝、有人剪龐克頭染金髮、有人決定離開城市經營一個山中之家、有人做了男女同志、有人出家修行、有人辭職遊天涯、有人投身社運，……形形色色的改變，但不脫天王星的本質。這些改變一定不太符合社會正統、有人或許視爲新穎獨創，但大多數人都會覺得離經叛道、顚覆傳統。然而，天王星不在乎別人的意見，敢堅持自我或我行我素隨便別人怎麼說，因此，天王星的力量自然也就會有二元的發展了。

當天王星展現正面的力量，或天王星呈吉相時，當事人的堅持自我，包含了個人遠大的期許，有的人在這個階段擺脫俗務，埋頭於研究或發明工作，常常帶給世人意外的、不同凡響的貢獻，有人在這個時期，獻身社會改革運動，在世人的冷眼旁觀下對社會的進化付出無數的心力。有的人或許格局較小，在這個時期只專心自我改造，卻也成就了一個人格獨立、精神自由的現代靈魂。

同理，天王星的負面力量也不可小覷，我看過一個星圖，一個本命天王星嚴重受剋的中年男性，在天王星進入一宮後，突然舉止大變，先是拋妻棄子，接著不斷換工作，最後失業賦閒，突然異想開始經營賭博電玩店，在遭取締之後宣告破產，短短數年之間，生命風波不斷。

天王星在每個宮的時間約七年，任何階段都會有獨特的變化，通常在幼年期，天王星一宮的巨變常常來自外在的事件，譬如家庭變異、父母離婚等等。如果在青少年期，有時當事人個性的轉變會和青春期的反抗結合，力量更大。到了中年時期，如再結合上中年危機，當事人更會有生命面貌徹底變遷之感。

天王星帶來的轉變是很難避免的，要適應天王星的力量，最好帶著順應自然的心態，傾聽內心對改變的需求，不要強力壓抑，越壓反彈越大，若想避免天王星的負面力量，則要用「以變因應變」的方法，主動開創好的變化，得以將壞的變化能量導引開來。

總而言之，要主動開創新局、領導生命變革才是因應天王星力量的正途。

天王星進本命二宮（金牛宮）

天王星進二宮的變化將表現於二宮的領域，如金錢、資產、安全感、自我價值中。這些變化可能有好有壞、可能好壞參半，也可能由好變壞、或由壞變好，端看天王星相位的變化，及當事人對天王星力量的運用。

我看過一個包含以上多種變化的例子，一個嫁入豪門的中年女性，從未擁有過自己的生意，成天過著優閒少奶奶的生活，卻在天王星進二宮後，遭逢先生事業的失敗。兩手空空的她，向娘家借了一些錢，自己做起生意，沒想到生意越做越大，這個婦女不僅擁有了自己賺來的錢，也擁有了肯定自我的價值。

天王星進二宮時，許多當事人都有一股強烈的金錢渴望，而且是對「快錢」的渴望，希望因變化生財，的確有少數人在這種時候，因善於掌握「金錢的變化本質」，而從股票或投機市場上賺到錢，但卻也有許多人反而因變化而破財。因此，當天王星進二宮時，心想發財的人，要特別留意自己財運的變化，免得越變越糟。

有些人在天王星進二宮時，由於個人星圖的本質較進化，關心的不再是俗世的資產，而是精神的資產。我看過一個星圖，一個成功的生意人，在天王星進二宮後，反而不再是急著開拓生意、越賺越多，而是將偌大的財產成立慈善文教基金會，專門幫助一些失學青年，這時天王星的力量是讓這個生意人去「賺」自我的價值，而非累積金錢。

天王星進二宮時，有時也會帶來奇特的金錢運，有人會因中獎發財，有人剛好從天王星的職業獲得好運，如電子業、電腦業、新媒體、電訊等等。

總而言之，天王星進二宮時，當事人隨時要準備迎接各種物質、精神資產的變局。有時或許好像是個人的意志可左右，有時卻超乎個人的意志，變局產生自社會、全球的經濟變遷，因此，對待天王星的變化，某種程度接受「無常」的生命態度是必要的。有時越淡然處之，或以遊戲心面對，反而容易。當天王星出現負面力量時，最怕的就是死不改變，勉強應對，有的金融風暴即是基於這種死硬心態才形成的。

天王星進本命三宮（雙子宮）

我有個朋友，在天王星進三宮時，幾乎經歷了所有該有的現象。這位朋友原本就從事媒體工作（三宮領域），在天王星進三宮後，他除了本業外，突然接了一個南部學校的兼課工作，每個禮拜要坐飛機南下往返教書（三宮代表的短程、國內旅行），然後一向照顧他父母的兄長卻突然調職國外（三宮代表的近親手足），變成他要搬回家中與父母同住，不僅如此，由於兄長的兒子一時無法到國外就學，變成由他兼任父親。

我的朋友面對的諸種改變，都是出乎意料的，還好這些變化雖然帶來不少壓力，但都沒有太嚴重的，他經驗的只不過是一連串日常生活規律的變動，改變了他和近親、環境的關係。

有的人則較不幸，我也看過一個星圖，當事人有本命天王星火星的剋相，在天王星進入三宮時，因爲交通事故而必須臥床半年，之後一連串的復健工作讓他醫院家庭兩頭跑。另一個人則在這個時候，因替姊姊作保（三宮也代表文書簽約），搞得房子被拍賣，從市中心搬到郊外租屋住，過著每天通勤上班的生活。

有人則較幸運，由於本命天王星相位良好，在進入三宮後，突然對網際網路產生了很大的興趣，一面鑽研之外，還投資了一家軟體公司，幾年內在這個新時代的溝通領域（三宮）名利雙收。天王星入三宮，最適合將精力用在像電訊、傳媒、網路等等科技，天王星的原創動力，經常帶來各種變遷迅速的進步。

天王星也代表早年教育，我看過一些星圖，在天王星入三宮，相位有剋時，當事人在初級教育（中小學）時，都曾經遇過一些困難，有人是學習遲緩、有人是根本不愛唸書、只愛玩電玩（也是三宮領域）。這些人眞正的問題，其實並不出在不能學，只是不喜歡在學校學，因此父母若看到小孩有這類的問題，最好多增加小孩的課外學習機會，別太在乎正規的學校教育。有時小時不佳，愛漫畫、電玩、體育運動、音樂等等的小孩，長大反而成爲專業領域的大器。

天王星進本命四宮（巨蟹宮）

天王星進四宮，最容易突然發生的變化，和個人的房子、家庭、父母及內心的安全感大爲有關。

我有一個本命天王星在四宮的女朋友，常笑說她從小是搬家長大的，從她有記憶開始，她那個經常換工作的父親把家從南部搬到北部、再搬到中部，又搬回北部，幾乎有十年的時間，她最少搬了十一次家，這種不斷搬家、換學校，以及長期處於恐懼父親辭職、換工作的處境下，使得我的女朋友非常沒安全感。成長獨立之後，她最渴望的就是安定、不變。我的女朋友選擇了安穩的金飯碗工作（在公家機關任職），嫁給了大學就認識的男友，剩下的心願就是買一棟自己的屋子，結束賃屋而住的遊牧生涯。

說是命運不濟吧！在她的丈夫買下了自己的房子後，才住不了多久，她的先生竟然也面臨要被公司調往南部當主管的任命，雖說是好事，但我的女朋友卻再度面臨要搬家的壓力，更何況這個家她才剛搬進不久，難道她本命的天王星四宮還不放過她嗎？最巧的是，我也看了她丈夫的星圖，原來更大的力量來自天王星推進她丈夫的四宮。她的本命大勢，加上丈夫的大運，又使她陷入內心的恐慌中，因爲如果眞的搬到南部，她勢必要辭去公家機關的工作，這太違反了她想要過的安定不變的人生。

天王星就是這樣，投出人生的變化球，讓人措手不及，有人在天王星進四宮時，原本身體好好的父母，突然心臟病發作身亡，留下根本沒心理準備、子欲養而親不待的傷心子女。有人童年天王星進四宮，雖然並不常搬家，卻家中常鬧空城計，忙於做生意應酬的父母，留給小孩的是空巢。有人則是經歷父母之一的個性很不穩定，讓小孩無法依賴。我有個男性朋友，他的母親是個壯志未酬的歌星，在嫁給他父親後退出舞台，我朋友說他母親一直鬱鬱寡歡，平常悶在家中，唯一展露歡顏時，是帶他去不同的歌廳聽歌的時候，那時她才會變成一個神采飛揚的人。我的朋友從小就感受到他母親的兩極情緒，而最糟糕的是，在他十歲那年，他的母親竟然拋家棄子，和一個在歌廳打鼓的男人偷偷跑到東南亞去賣唱了。

天王星進四宮，並不見得一定都發生這麼戲劇性的事件，有人感受的風波會小一點，還有人高興地迎接變化。譬如有人在這時換了更好更大的新家，有人移居去一個他喜歡的異國，有人則在內心激盪中完成了他很滿意的小說或劇本。

天王星帶來危機，但危機適當地處理，也會帶來成長。迎接天王星變化球的，需要的是一個眼尖、反應快的人生打手，能成功地打出全壘打，要不然小安打也好。至於被變化球暫時被判出局的人，也不必灰心，人生永遠有下一局的。

天王星進本命五宮（獅子宮）

天王星最恨無聊、固定、保守、規範，在天王星進入愛玩、好表達、強調創造性的五宮時，十分如魚得水。

有不少本來就從事藝術或戲劇工作的人，在這個時候靈感泉湧、創造力豐沛，天王星激起了原創的能量，讓生命力得以發揮。

創造的形式有許多種，有的人會認爲愛情比藝術更富於變化、更原創，藝術可以一個人完成、可以按計畫，但愛情卻全然不可預測、充滿變化。有人在天王星進五宮時，著迷於愛情的多種可能性。通常在這個時候，人們愛上的常常是不按牌理出牌的對象，也許是年齡小很多或大很多的人，也許是同性的，也許是知識、信仰、生活方式差距很大的人。總之，越新鮮越不同，越讓天王星進五宮的人心動。不過，雖然這些人嚮往一場驚天動地的戀情，但通常並不想付出承諾、放棄自由，天王星進五宮的戀情本質上是遊戲之愛，不想變成海王星式的苦戀或冥王星式狂戀。

有的人在這時，把創造的熱情放在生孩子或教育小孩身上，但他們可不是爲了養兒防老或想教小孩變成國家棟樑之類的。他們會希望自己的小孩不一樣，最好是科學小天才、藝術小天才之類的。

不過，當天王星相位不佳時，也有可能在五宮的領域受到打擊，我就看過一個星圖，當事人在天王星進五宮時，高齡流產，令她不勝傷痛。也有人愛上了自己的學生，搞到家庭分裂，但他跟女學生的忘年之愛卻也草草結束。有個小說家在這個時期突然寫不出東西了，令他徹底懷疑自己的創造力，最後他的創造力反而從寫運動小說而回來（運動也是五宮領域）。

天王星進本命六宮（處女宮）

天王星進六宮產生的變化，通常反映在以健康和工作爲主的領域，改變則以出人意料的方式發生。

天王星的疾病，絕不是慢性病或有所徵兆的，我的朋友才四十多歲，竟然在天王星進六宮時，急性心肌梗塞，嚇壞了大家。他自己也搞不清楚爲什麼會這樣，他一向身體健康，一個星期打兩次高爾夫，怎麼會得心臟病？另一種典型的天王星影響健康，則是遇到意外事件，我有個跳舞的女朋友，平常旋轉、翻身、上下跳躍都沒事，竟然在這個時候因下樓梯跌跤而摔斷了腿，眞是意想不到。

有人在這個時期，並不會產生健康的問題，而是與健康的關係改變，有人在這時，開始迷上各種另類療法，如花精治療、草藥醫學、針灸治病、拔罐放血、靈療等等統統試過。有人則成了鼓吹素食健康、維他命養生、白鳳豆抗癌等等的健康傳教士。

總而言之，天王星的力量就是要打破規律、常態，因此健康的人可能生病，或者有人認爲健康的觀念根本需要大改變，傳統醫學太落伍了。這種打破固定模式的力量，也可能反映在對工作的選擇上。

我有一個朋友，一向是朝九晚六的上班族，在天王星進六宮後，突然決定要做自由的在家上班族，他辭去了收入頗豐的工作，改行在家寫電腦書。這很適合天王星，他的這個改變不僅讓他脫離了一成不變的「上班族」生涯，而且反而因電腦書大賣而增加了收入。另一個朋友，則沒那麼幸運，她也辭掉了工作，不想再一大早趕公車忍受烏煙瘴氣，她選擇了進一家直銷健康食品（六宮）的公司做下線，但她運氣不好，沒做多久，公司竟然就倒閉了，再度失業的她，至今還在想下一步該做什麼才好。

天王星進本命七宮（天秤宮）

傳統上，天王星進七宮，常常被看成會影響婚姻，造成分離的現象。在我實際的研究中，天王星帶來的分離，其實有很多不同層面的變化。有時夫妻雙方在這個階段會因外在環境的變化而產生意見的不合及分歧，如果雙方彼此或有一方一宮有主星，則天王星進七宮，自然會引起這一方較強烈的自主意識，有時自然引起另一方的不悅或反對。這種因個性、意見產生的分歧，最需要溝通，越是坦白講、越不會留下太多的心結，尤其在天王星進七宮時，最怕冷戰，拖久了，會從分歧變分裂，最後變成分手。

有時，天王星進七宮，造成雙方突然「沒緣份相處」了。譬如我看過一個星圖，丈夫突然被派出越南工作，太太留在台灣照顧一家老小，當然會擔心丈夫在外會不會娶小老婆，甚至跟原配分手，但要她跟去越南現實上又辦不到。有時這種因外在環境的影響而產生的「暫時分離」現象，的確可能導致長久分手，但也有人會度過這段時期，最後還是夫妻團圓。

當然，天王星進七宮，的確造成不少夫妻就在這時面臨勞燕分飛的結果，當然雙方的確一定有彼此不能相處的原因，但不像冥王星進七宮是長期抗戰，天王星進七宮時雙方只要想分手就很容易分手，有時會形成太容易因一時衝動簽下離婚協議書，才吵幾天架就鬧著要拆夥。其實天王星進七宮的分手，多多少少是基於鬧意氣或太一意孤行，因此一般占星學家都會勸雙方多想一下，尤其雙方已經有小孩時，實在不宜太衝動。

天王星進七宮，不僅影響夫妻關係，也容易影響其他親密的合夥關係，有時，雙方拆夥並非不愉快，只是緣份已了。有個長輩，在天王星進七宮時，他的生意老搭檔決定賣股份隨兒子移民美國。公司其實賺錢得很，他也心甘情願地吃下了股份。但有的拆夥就不那麼平和了，尤其雙方有人太自我中心時，我的朋友即很苦惱，她的合夥人經常挪用公司的帳去炒股票，雖然她事後都會補回，但總令人提心弔膽，在百般勸說不成下，我朋友決定拆夥，卻面臨合夥人要她賤價拆算的氣惱。

通常天王星進七宮時，如果能早點應對，相信天下沒一成不變的事，人與人之間也沒有一成不變的緣份，預留各種後路應變，以及隨時主動調整關係，應變起來自然較容易，至於對新關係的介入，則要特別慎重。我看過一些在天王星進七宮的七年週期內，離婚、結婚又再離婚的人，明顯地就是犯了太匆促的毛病，才會不斷地重複錯誤。

天王星進本命八宮（天蠍宮）

八宮是原欲之宮，人類的原欲即對性、金錢、權力的欲望，天王星進八宮，在這些領域，我們必須面對各種的變化。

我看過一個星圖，當事人一直極保守，對性也很冷淡，即使經歷多年的婚姻生活中，卻大都過著有名無實的生活。在天王星進七宮後，她和丈夫協議分手，之後她也一直過著單身無性生活，卻在天王星進八宮後，她發現自己突然充滿了性渴望。

天王星在八宮，常讓人對性的需要覺醒，有人在這個時候，變成了一般人所謂的花花公子花花女郎，有的人對性則採取更多冒險的興趣，只要打開分類廣告，即知道現代人把性的好奇擴展成什麼樣的生意。這些激盪的欲望，對原本保守的人或保守的社會，絕對會大驚小怪地，天王星在八宮本來就是要顛覆傳統的性觀念。

但是，這些顛覆，如果沒有心理的覺醒或者理論的支持，有時當事人只是順遂本能的牽引，但事後也會覺得自己太衝動、太盲目，而心生懊悔。尤其是當事人常常不了解自己對性的需要，其實不是靠行爲的發洩就能滿足的；許多人對性的需要，都是來自內心深處對親密、分享、肯定的需要，如果不了解這點，只是一時地不斷用表面的性在興奮、痲醉自我，反而會導致天王星在八宮的另一個奇特現象，即性的冷感。

親密、分享、肯定的需要，也常常藉用八宮的其他領域來表達，有的人執迷於金錢，認爲得到錢即得到愛。我認識一個外國朋友，在母親過世後，發現自己竟然沒得到遺產，他母親的遺產竟然都留給了一個慈善基金會。我的朋友很生氣，雖然他並不窮，自己的收入絕對足夠舒服過日子，但他卻認爲母親不留錢給他是不愛他，大家都勸他並說他母親是博愛的人（把錢留給大衆），爲什麼他不能用欣賞的眼光來看這件事呢？

有些人就是不能，他們總是把錢看得比愛還重要，當天王星在八宮時，有時金錢的變化會發生在他人（尤其是配偶）身上，我看過一個例子，當事人在天王星進八宮時，她丈夫生意失敗，使得家庭經濟出現大逆轉，這個丈夫其實本性不錯，只是運氣不佳，因爲碰到太多連續跳票而被軋空。在夫妻也可以共體時艱的時候，這個妻子卻決定離婚，她說她已經看不到未來了，其實只因爲她心中無愛。

天王星進八宮，如天王星相位不佳，八宮又問題重重時，當事人必須特別小心意外，因爲八宮也是死亡之宮，黛安娜即在天王星進八宮時發生意外。

基本上，天王星「並不適合」進八宮（即落陷之意），但只有一個情形例外，如果當事人有興趣研究占星學、心理學、神祕學、生死學，天王星進八宮倒是很好的學習時機。

天王星進九宮（射手宮）

喜愛變化、新奇、未知的天王星，進入了掌管心智探險、高等思維、長途旅行、異國文化的九宮，眞是不亦樂乎。

天王星進九宮，有的人開始覺得知識可貴，想要繼續深造，有人則籌劃一趟衷心盼望的中南美洲旅行、有人則對哲學發生興趣，開始啃讀思想大師作品、有人則因嚮往異國而愛上了異國情人、有人突然對某種新興宗教大爲熱中、有人則視自己爲新時代運動的傳人……。凡是不滿於日常淺薄知識經驗的人，都可以在天王星進九宮時，一飽高級的精神食糧。

有時，天王星奇特的本性，會在人們探索九宮之旅時，產生一些異於尋常、不可預料之事。我認識一個美國朋友，他在二十二歲大學畢業之年，做了一趟東南亞之旅，途中本打算經過台灣幾天，替他父親送個東西給友人，結果在台灣時，因爲一個朋友的介紹，認識了一位教授太極的老師，我這個朋友突然迷上了太極，決定留下來學習這門深奧的功夫，就這麼因緣巧合地，他從原本要待幾天的，竟然在台灣一留七年，整整的天王星週期，都用來追尋他的異國文化夢。

如果推進的天王星相位不佳，有時天王星的九宮之旅，也會出現驚險局面，我有一個女朋友，最喜歡到奇特的地方旅行，終於給她遇上了痲煩，她在巴基斯坦旅行時，遇上了印度、巴基斯坦開戰，害她差一點就陷身戰火、脫不了身。如果她天王星剋相再嚴重些，則可能像我看過的另一個星圖，當事人就是在夏威夷坐小飛機而喪生。

有時，受剋的天王星進入九宮時，會使人和社會產生強烈的疏離感，覺得「衆人皆醉、我獨醒」，當事人會覺得自己的理念不被大衆接受，被社會、家庭誤解。我看過一個例子，當事人在天王星進九宮後，開始醉心於基督教末世運動，他辭去了工作，用儲蓄義務替教會宣導教義，他成天告訴身邊人「世界末日快來了」，搞得親人、朋友都視他為烏鴉不吉利，但他依然不改初衷，他認為世人遲早要覺醒的，他只不過比一般人早了一步。

還好天王星在九宮，即使自認找到了眞理，但還不會用暴力逼迫他人接受眞理。天王星本性我行我素，好自由，因此也不太干預他人，不像冥王星在九宮，可能就要打「聖戰」了。

天王星進本命十宮（摩羯宮）

天王星進十宮，猶如人們攀登上太高的山而得了高山不適應症，天王星進十宮，也會有這種頭腦昏脹、呼吸不順的感受。

在傳統神話中，天王星和摩羯宮代表的土星，剛巧是勢不兩立的父子，彼此觀念相反，天王星想顚覆，土星是建制；天王星要標新立異，土星要遵循典範；天王星開創，土星保守；天王星想做化外之民，土星卻是權威之士。

人類的衝突，常常是天王星和土星的衝突，每一個革命者最後都會成了被革命的對象，今日的非主流也許是明日的主流。占星學常說，偉大的科學家、發明家，常常是土星和天王星合作的產物，要獨具慧眼，可是也要為時代所了解，要有原創發明，但也因應社會需要，這也就是為什麼大部份的人推崇發明了電燈的愛迪生，卻往往忽略當世比愛迪生更天才的電學之父——怪人泰斯拉。

泰斯拉就像天王星在八宮，或進八宮的人會做的事，他才不屑把電學理論用去製造電燈啊、電器等等有益社會民生之事，他要做的是更不凡的事業，他想解決的是愛因斯坦都無法解決的統一力場的問題。

這就是天王星和十宮的衝突，十宮要的是社會大衆看得到的成就，最好是政客、藝人、總經理之類的身分，不是一個古怪的天才或大師，但天王星卻認為政客者流太俗氣、平凡了；他們就是要不一樣，做不了出世天才，寧願做個怪人。

有人在天王星入十宮後，不屑他們本來的工作，決定要另闢新局，有人自己做手工銀飾賣、有人搞電腦動畫、有人想做占星學家、有人索性隱居到花蓮鄉下當環保詩人。總而言之，這些人雖然都有一份新奇的事業，但卻不是一般人認可的主流事業。

當然不是人人都能選擇一份非主流的工作養家活口，許多天王星進十宮的人，早就厭倦他們呆板、重複、單調的工作，渴望有個改變，有時這種心理壓力太大，當事人可能什麼也沒準備好，就在一時衝動下辭去工作，才發現失了業後人浮於事，天王星帶給這些人的自然是苦澀的自由。其實當事人如果了解占星學或較具心理自覺，即使土星還不允許當事人轉業，當事人還是應當主動替自己創造一個「稻草人」，譬如說早一點經營、用心於一個自己喜歡的嗜好或副業，也可以讓心理的壓力有較多的管道渲洩。天王星總喜歡築夢在雲上，卻必須記住夢必須蓋在堅實的土星之地。

天王星進本命十一宮（寶瓶宮）

天王星進十一宮，即回到了自己的本命宮，有如嬰兒回到了母親的子宮中，自然會有種很親切熟悉的感覺。

天王星進十一宮的狀況，會和進九宮有點相似，較大的不同在於，九宮之旅通常是個人的探索，但十一宮之旅卻希望從個人的探索擴展到團體、組織的集體探索。

當一個人年少時，如果天王星在那時進入十一宮，這些小孩通常會被大人認爲是好交朋友的人，他們會比同年齡的人結交更多的朋友，奇怪的是，他們的朋友常常不只是同班同學之類的，而是本校甚至校外的各種團體及聯誼社，如讀書會、橋牌社、慈幼社、愛老社等等。

我認識一個女孩，她有很強的十一宮，金星、太陽、木星都在內，在她十多歲時，天王星又進入她的十一宮，更加強了她廣結善緣的特質，而且奇怪的是，事隔十多年後，當年她的朋友許多都成爲社會知名且具影響性的人物，完全反映了她十一宮的特質。

通常天王星進十一宮建立的友情，不是那種一對一很親密的死黨或私交，而是比較不牽絆的同道。當事人通常具有共通的理念，常常是較進化的人道主義、開明的政治思潮、理想的社會意識等等，聯合彼此的，以理念爲主，感情交流反而不那麼重要。因此如果當事人在天王星離開十一宮後，本人星圖中又沒有較強的十一宮性質，這種同道關係也很容易煙消雲散。

有時，天王星進十一宮，會讓我們遇到一些較古怪、離經叛道、驚世駭俗的人，譬如說龐克族的成員、烏托邦信徒或所謂的「太保太妹」之流（只是行爲乖張，而不是犯罪的人）；基本上，這些人都是無害的，他們的異常言行不過是想表現他們是不凡的團體，和像冥王星八宮主管的恐怖份子等是不同的。

天王星進十一宮，也許有的只是惹人側目，或是一些年少輕狂、瘋瘋癲癲的團體或成員，但其中也有許多教導年輕人對世界懷抱更理想心願的組織。面對成年人而言，天王星進十一宮，也是開創不同生命能量的時候，想想我們社會如果少掉了那些社會公益的、慈善的、人道的、文教理想的團體，會是多麼無趣的社會，本來生命不應當只是養家活口、撫養小孩、爲事業打拚、追求個人成就而已。

天王星進本命十二宮（雙魚宮）

天王星在此的影響非常微妙而獨特，如果給一個總括的定義，則是突然而至的好因果或壞因果。而所謂的因果，有可能是前世今生的，也有可能是今生今世的。

我看過幾個星圖的例子；有人因觸犯智慧財產權吃上官司、有人的房子被鄰居小孩放了一把火燒掉、有人因精神崩潰而住院，都符合了十二宮代表的機構（如法院、醫院等）的突然事故（天王星）。這些事故有可能是因此生做事不當（如侵犯版權），但也有可能是償還過去的業報（如被人放火燒屋）。這些不愉快的經驗，目的都在於讓當事人反省自己的行爲，藉由「倒楣」或「報應」之事來「淨化」內心。重點即在於明白了「公道」之後，便可放心。

天王星進十二宮，如推進和其他星形形成的相位良好，則會產生相當意外的「好報」，我也看過幾個星圖，有人努力多年寫劇本，但一直未得人賞識，但在天王星進十二宮後，卻因其中一個劇本突然得獎，而引發一連串的好運，把多年庫存冷落的劇本都搬上了銀幕，還成爲十分成功的國際導演（電影也是十二宮的領域）。也有人在此時突然厭倦塵世，開始學習靜坐冥想，打通了任督二脈，從此走上了人生清修之路，變得十分自得圓滿。

十二宮是隱藏之宮，天王星進十二宮，會讓我們遇上不容易遇到的人、事、物，但如天王星或十二宮內原本的星星不佳，遇到的狀況也可能很麻煩。我一位高中同學，即在此時因迷上了所謂的「修行」，而走火入魔至精神崩潰，自殺不下十餘次。等到這段蠱惑期過了，她也不明白爲什麼自己如此「鬼迷心竅」。所謂「鬼」，其實就是心魔，天王星進十二宮時，有時確實會讓人遇到心魔，這時越修行、越打坐冥想越糟。因此最好不要盡信上師的指點，先看看自己的「星圖」（明心見性）適不適合在某段時間修行，千萬不要以爲修行一定會遇上好事，時間不好也會遇大難，而這些前世因緣，今生上師未必管得了或幫得上忙。

在我的觀察星圖經驗中，在天王星進十二宮中時，得好因果的人較少，得壞因果的人較多，可能因爲投胎爲人的人本來有好因果的就是少數，否則早進天道了。因此，在天王星進十二宮時，越能謹愼虛心、行事小心，比較可以逢凶化災，最怕是一心自滿，以爲自己無所不能或私欲橫心，更容易災上加災。另外，天王星容易激起隱藏的力量，因此最好少碰任何具有「虛幻」性質的東西，如迷幻藥、酒精（十二宮之物）。但我也看過一些藝術家的星圖，卻可能在天王星進十二宮時，又加上了迷幻藥、酒精的影響，創作出非常蠱惑的音樂、繪畫或文學，當然也有的藝術家也因此賠上了自己的生命。這些藝術家即成爲「魔」的代言人，這樣藝術的價值究竟是讓世人了解魔性的力量，還是反讓世人追隨魔性，至今仍是藝術美學上的爭議，藝術是「反映」眞實，而非「提昇」眞實，因此藝術中自然神性少、魔性多。

同理，天王星進十二宮，也可能讓人遇神性或遇魔性，而機率也是遇神性機會小，所以，不如老老實實先做好基本的人吧！

PART 2

外行星推進宮位演出生命歷程的情境

★

7 海王星
宮位好夢迷人卻易碎

明白自己的海王星的渴求，讓我們可以正確地追求對我們真正重要的人、事、物，而不是永遠在霧中繞圈子的旅人。

海王星進本命一宮（牡羊宮）

在海王星進一宮前，會先和上昇星座合相，這時的力量最強，當事人有可能在此時感到特別的迷惘、寂寞，覺得抓不住自己，有一種置身於生命之霧中的感受。這種感覺，可能發生在生命中任何階段，有人可能在童年、青少年碰到這個階段，有人可能在中年、老年。一般人遇上了，並不知道是行星所帶來的意識波的影響，而多半只從生活經驗中去找原因，有人可能會說是「寂寞、迷惘的青年」，或是「迷惑的中年」、「迷失的晚年」等等。

了解行星的力量有個好處，可以讓人針對行星的性質去思索，海王星帶來的迷惘、寂寞，不是一時的少人作伴或目標缺乏，而是喚醒生命底層的空虛和渴望，因此凡是生命中未完成的、缺乏的、渴求的事物，在海王星合相上昇及進入一宮後，即開始在意識深處蠢蠢欲動，其中最強大的渴求是愛，不僅是渴求他人的愛，也渴求對自己之愛。

一般人最早期的愛的經驗，來自於「照顧者」（不管是父、母或其他人）所給予的愛，從這樣的愛中，人們學會基本的愛自己，而從基本的愛自己，再轉化成較高層次的自我之愛。在這個學習愛的環節中，如果早年照顧者做得不好，當事人內心的失落，常使他們一生都覺得若有所失。這種感覺伴隨著他們，在海王星合相上昇及海王星進一宮時特別強。爲了補償這種失落感，有人會不斷地尋找愛的化身，也許是人，也許是金錢、物品、美貌等等。

我看過一個星圖，當事人從小被收養，但一直不知道自己曾被親生父母遺棄的「往事」，但從童年起卻一直有種強烈的失落感，尤其在夢中。當事人常常夢到自己一個人置身在曠野中，四周無人，他不斷地呼喊卻無人應聲，由於害怕這種孤寂，使得他不斷地追求「別人愛他」，但奇怪的是，一旦他得到了某種「像愛的東西」，他卻又忍不住想丟掉一切，還是一個人過。因爲在他潛意識中，他一直害怕有人會給了愛又收回愛，所以他總要做先拒絕愛的人，這樣他才不會覺得被遺棄。這個男人從十幾歲到三十幾歲，總是在這種找愛、拒絕愛的惡性循環中，製造了不少他人與自己的痛苦，直到他近四十歲時，收養他的母親臨終前決定告訴他眞相，他才明白他內心中隱隱的傷痛是從何而來。

明白自己海王星的渴求，讓我們可以正確地追求對我們眞正重要的人、事、物，而不像永遠在霧中繞圈子的旅人。有人在海王星進一宮時，海王星代表的虛幻，加上一宮代表的自我身分，讓他經歷了強烈的自我懷疑，當事人從小熱愛美術，也學過很長時間的繪畫，但身爲長子的他成年後因爲接掌父親的生意，一直忙於祖業的開拓。在海王星進一宮後，當事人卻突然發現他再也無法堅持做著自己不喜歡的事了，他覺得爲他人「犧牲」了太多（海王星的主題和犧牲有關），他決定把公司交給已長大的弟弟。中年退休的他，開始拾起畫筆，海王星進一宮，幫助他找回了理想的自我形象（正面海王星進一宮的意義）。

由於海王星在每一宮的時間很長，因此海王星進一宮的影響也很久，我看過一個年輕男孩，在整個海王星進一宮的十四年中，他從在出生美國，隨父母到阿拉伯唸幼稚園，再回美國唸小學初年級，再回台灣唸小學高年級，再回美國唸初中，整整十多年，他換了六個學校，搬了十多次家，學過三種語文（英文、中文、阿拉伯文）、交過各種國籍的同學朋友，接觸不同的文化，這個小孩一直覺得自己像個變色龍，在不同的環境中尋求新的自我認同。

同樣的海王星迷惑的力量，也發生在我認識的一個中年女人身上，我看著她在海王星進一宮時，換過各種的工作。做生意、搞戲劇、當記者、寫小說、參與政治，令人眼花撩亂，別人一個工作做十年，她是十年做十個工作，問她爲什麼這樣，她也不明白，就是有種莫名的渴望，想找個工作眞正能「表達自己」。這種海王星的迷失與追求，反映在工作上還不算恐怖，我也看過一個星圖，當事人在這段時間結過三次婚，也離了三次、交過十幾個男友，也分手了十幾個，卻一直還在追尋「最適合她」的人。

不管是環境的變遷、工作的替換、關係的改變，其實都是海王星力量反映在外在事件上，而這些事件表面上都不同，但卻是「萬法歸一」，外在不斷的變遷只顯示了當事人內心的不定，爲什麼不定？因爲海王星要求當事人面對生命中較深層較本質的需求，如果當事人眞正能靜下心來，未必不能明白自己的渴望是什麼，但也可能不敢問或問了不敢追求，因此讓海王星如同轉動陀羅的軸，當事人不斷地旋轉，卻以爲自己在追求，最後卻往往越來越迷失。

海王星進本命二宮（金牛宮）

海王星進一宮是追尋自我形象，進二宮則是追求自我價值，如果在一宮時沒有找到眞正的自我形象的人，在二宮時就非常容易迷失了價值。

自我價值可以反映在資產和資源的使用上，迷失了自我價值的人，就容易誤用資產或資源。我看過一個星圖，一個中年女人，在海王星進二宮時，因爲替娘家還債，而亂開支票，結果反而是自己背上了一身的債務，生活大受打擊，這個中年女人的行徑，其實是和她未建立正確的自我形象有關。在海王星進一宮時，她就習慣了一套信仰，即犧牲自己、照顧他人是好的自我形象，但她從來不會問「犧牲」的方式對不對？有沒有不同的選擇？在海王星進了二宮，她的父母有難，她當然覺得要奮不顧身，但事情遠比她想的複雜，她並不能救父母，反而害了自己。她耗盡了自己的資產與資源，更使得她更無能力去追求「自我價值」的實現。

我還看過另一個中年男人，本來做小本生意做得挺不錯，家道雖未大旺但也小豐，一家人也過得十分充裕，但由於當事人把人生的成就完全押在「金錢的成功」上，在海王星在二宮時，他覺得充裕不夠，要富裕才行，因此把所有的積蓄加上調借的頭寸一起炒作股票。但他不明白海王星蠱惑、困惑的力量，他的發財夢不僅未讓他發財，還把原來充裕的生活給毀了。

海王星進二宮時，最容易讓人誤用金錢，我看過不少人在此時放高利被倒、玩股票破財、投資生意血本無歸，其實起因很簡單，都是想有更多錢反而失去錢。因此，一般占星書籍，都會建議當事人在此時越保守越好、越少想賺錢越好。

但海王星進二宮是否就沒錢可賺了呢？卻也不是，只是賺的錢常常不是從想賺錢而來的。我也看過一些星圖，當事人腦中根本沒想錢，只一心一意做自己愛做的事，譬如有人靠發明、有人靠藝術，反而無心插柳柳成蔭，在海王星進二宮時得到了意外之財。

這些意外之財，都不是從資產而來的，而是從資源變來的，這也是海王星進二宮的奧祕，當事人想有所成，必須靠自己本身的資源，因此越能好好開發自身資源的人，才可以發揮海王星正面的理想力量。海王星適合理想主義的人，不適合資本主義的追求者，因此用錢生錢這一套，在海王星身上行不通。

善用自己的資源（才能、個性、潛力），可以幫助當事人實現自我的價值，而眞正的自我價值並不一定要等同金錢。因此，海王星進二宮實現的價值，也未必一定是資產，但當事人卻不會眞正在乎，因爲「求仁得仁」也是實現自我價值的方式之一。

海王星進二宮，可讓人善用自我資源，也可能讓人濫用或誤用自我資源。海王星常象徵隱藏、祕密、陰暗之事。我看過一個星圖，當事人是法官，在海王星進二宮時，卻因司法黃牛關說而濫用了他的資源（法律），收取了不義之財，也違背了法律的價值，這是誤用自我價值很糟糕的例子。我也看過另一個例子，當事人雖有文藝才能，但卻分不清資產和資源的比重，在海王星進二宮期間，寫了不少的通俗小說，雖然賺了不少錢（資產），但卻一直很不快樂，因爲他並未實現自我價値（資源），這是另一個用資源換資產的不當例子。

海王星進二宮，是開發生命中較理想的資源及價値的時候，海王星很奇妙，就像仙女的魔棒一樣，可以「點石成金」，也可以「點金成石」。

海王星進本命三宮（雙子宮）

三宮和語言、溝通、初級教育、近親、鄰居等屬於「較近距離」的來往都有關係。海王星進三宮時，如果當事人正逢接受初級教育時（如從小學到高中），海王星的困擾最大。我看過一些小孩的星圖，如果海王星進三宮，尤其如果誕生星圖上海王星力量本身也強，或和水星成剋相，這些小孩在接受初級教育時特別有學習困難。例如無法專心、對功課不感興趣、懶惰不愛唸書等等現象都會發生，惹得家長很頭痛。有的父母動輒責怪小孩不乖，其實小孩有時也沒辦法，海王星虛無飄渺、好幻想、不專注的特質就是使這些孩子很難適應正常的功課要求。

這些小孩難道就眞的不能學習了嗎？其實不是，海王星進三宮，只是讓小孩特別不能學「刻板、單調、重複」的功課，而這些都是基本教育最強調之處。就像愛因斯坦小學時都有嚴重的學習困擾，因爲他成天想像一些基本的物理原理，像「爲什麼不同重量的東西落地的速度會一樣？」但卻沒辦法專心去學一般的功課。有的小孩有傑出的音樂、美術、文學才能，也沒辦法好好地在小學中學表現，而成爲初級教育的「笨蛋」。對這樣的孩子，父母最需要的態度就是有耐心，給小孩機會去學習別的事物，別規定小孩只能學習學校規定的課程，開發小孩別的學習天地，寬容小孩當時的困境，給予支持及信心，千萬不要過份責備，反而毀了小孩的學習熱情及自我信心。

對成人而言，海王星進三宮時，最好的勸告是「謹言愼行」。海王星常使語言的溝通產生迷亂，許多人在這時會經驗自己的話語遭受誤解或誤解他人的意思，這些溝通的障礙有時會連帶影響三宮的人際關係，如近親、鄰居等等。而語言溝通如果以文字契約方式呈現，更要小心，海王星進三宮，如果海王星相位不佳，就像中國所說「文昌化忌」，要小心簽約的內容，不要因一時糊塗簽錯了約，或誤解了文書的眞義。

有時海王星進三宮，負面的力量會讓我們捲入一些不當的近親、鄰居關係中。我就看過一些星圖，有個中年男人和鄰居的太太暗通款曲、惹來不少麻煩，也有人因替兄弟作保而吃上官司，也有人因叔姪關係而受累等等。近親、鄰居的關係有時難躲，就是因爲心理或身體距離上的「近」，使得某些事較容易發生，因此更要覺察海王星的力量，仔細地判斷及調適。

但海王星進三宮時，也可能發揮正面的功能，由於海王星的性質，最佳的領域常是和大衆傳播有關的藝術工作，如音樂、美術、舞蹈、詩、戲劇、電影、攝影等等，因爲三宮代表大衆的溝通，藝術通常曲高和寡，但海王星進三宮時，可以幫助藝術家通用較大衆的媒介（如廣播電視、報紙等三宮領域），讓藝術能和較多的人溝通。

海王星進本命四宮（巨蟹宮）

在海王星進四宮前，會先和天底星星（ＩＣ）合相，有人在此時會經驗一些和家庭事務有關的事，如猶豫要不要搬家、移房子、移民國外等等。和天王星過ＩＣ較不同處在於，天王星常帶來突然的、不可避免的改變，但海王星卻不會「馬上」帶來改變，只是會「想要」改變，但會拖延，有人會拖延許久才眞正下決心。譬如說屋子漏水，天王星的反應可能就是修屋頂或搬家（如果是租來的房子），海王星卻是拿個水桶接水，一面看著雨水滴滴漏漏，但仍猶豫要不要叫人來修等等。或是想移民的人，老是想個不停，也收集了不少資料，或移民簽證都辦了下來，但還是猶豫要不要走、何時走。

海王星讓我們對「家」產生困惑，這個家，可以包括家人、家庭、國家等等。我看過一些星圖，有人在海王星進四宮時，發現了丈夫外遇的祕密（海王星意義），但卻不知如何是好，既不像天王星決意分手，也不像冥王星那樣糾纏報復，只是十分迷惑，深覺被欺騙（海王星力量）而傷心，但又對未來很迷惘、難下決定。我也看過有人在海王星進四宮後，移居國外而變得十分失落，有種失根蘭花的迷惘，但卻不知何去何從，是返國好呢？還是就在異鄉安定下來，這種繞著心頭轉的迷惑，不僅反映在國家選擇的不確定、家庭生活的不穩定，也反映在內心之家的不安定。

有時，海王星進四宮，卻讓人們對家庭生活充滿嚮往，有的嚮往是很表面的，我看過一個中年事業有成的女人，在海王星進四宮時，先後花重金裝潢了好幾個華屋，每一個屋子都美輪美奐，先後花了上千萬，但她卻一直不滿意，所以一直搬新家，一直裝潢新的家，這種追求「理想的家」的夢想，其實已透露出她小時候住孤兒院的創傷。她渴望用外在的家，來彌補從小內心之家及外在之家的雙重欠缺。另外一個對「家」的嚮往的例子是一個做音樂的男人，在三十多歲時，決定回家做「主夫」，由他料理家事帶小孩，妻子出外上班，他說他的行徑是效法約翰藍儂，而這個男人確實把家料理得比不少女人都好，後來他告訴我，他小時候一直是個鑰匙兒童，因此一直很嚮往過家庭生活。

有的時候，海王星進四宮時，產生的對家庭生活的渴望，也會和十宮的事業心對立，尤其是本命十宮很強的人，當海王星進四宮時，特別會有一種事業家庭不能兩全的困擾。我也看過一個極端的例子，有的男人在家賦閒了多年，過了很久的家庭生活後，卻被公司派到大陸，而好幾年不能過正常的家庭生活。

有的時候，海王星進四宮時，我們和父母（尤其是父親）的關係會呈現某些困難，我看過一個年輕男孩的星圖，當時他父親因失業賦閒在家多年，心情不好的父親也讓小孩不好受。而另一朋友的海王星進四宮時，父親纏綿病榻，使他的家庭生活大受困擾，我還看過一個星圖，海王星進四宮時，當事人的父親得了老年癡呆症，而整整海王星在四宮近十四年的光陰，使得這個已經五十來歲的女人，爲了父親的病也折磨了十多年。

海王星常常要人們爲某人某事某物犧牲，進四宮時，通常我們犧牲的對象是爲了我們的父母、家庭，而這些犧牲有大有小。一般而言，不爲父母、小孩犧牲的人，常常是三世好因果才能有這種免除人間煩惱的機緣，凡人投胎多半有所欠，而欠來欠去的冤家最多的往往也是最親密的人。一旦明白海王星的道理，最重要的就是不管如何犧牲受罪，千萬不要把煩惱帶上身，做應當做的事，但不一定要煩惱，煩惱常常來自於不情不願，如果眞正想通了，就甘願了。當成半個出家人一樣，服務衆生或家人都一樣，何必自尋煩惱？

海王星進本命五宮（獅子宮）

海王星進五宮的現象千變萬化，在我看過的星圖中，有不少變化很大，但卻都是可以反應出五宮性質的事件（如藝術、嗜好、羅曼史、小孩等等）。

有個四十歲的女人，一直渴望在公司得到一個重要的職位，就在公司通知她升遷時，她卻發現自己意外懷孕，一直用著子宮避孕器的她根本不明白自己怎麼會懷孕，她非常困擾，因爲她第一個孩子將升上國中，已不需她費心了，如今要是又來個小嬰兒，生活一定大亂。但海王星的力量就是這樣，讓人無所適從。如果是天王星或冥王星，她也許會下決心拿掉孩子，但海王星卻讓她迷惘，拖了好幾個月，也無法墮胎了，最後她放棄了升遷，生下了孩子。海王星要她爲這個孩子（五宮）犧牲自我的完成，她辦到了，但問她是否遺憾，卻也是眞的。她最希望的是，避孕如果更可靠一點，讓她根本沒懷孕就好了。

在非常極端的例子下（如海王星進五宮時相位非常不佳，或五宮本來就有凶星時），有人可能會生下讓父母覺得有點困難的孩子，例如健康很差或殘障等等，海王星在此帶來的是很大的傷痛。也有人在此時，經驗自己的子女（可以是任何年齡、小孩大人皆可）面臨困難的處境，生理或心理皆有可能。我看過一個老年女性，在她海王星進五宮時，她的中年女兒罹患癌症，讓白髮人照顧黑髮人，十分難過。也有一對中年夫妻，一直為青春期的兒子焦慮，因為小孩因精神衰弱（海王星症狀）而失學在家。

海王星進五宮，未必一定和小孩有關，有人反映在對羅曼史（愛情）的追求上。有個中年醫生，一直是乖乖牌丈夫，卻在海王星進五宮時，迷戀（海王星）上自己的病人（又是海王星的關聯），若論外在條件，這個女病人並不吸引人，但這個醫生卻不知怎麼地不可遏止地就是愛上了，醫生還離了婚，但這個女病人最後卻嫁給了別人，應驗了海王星的效應，很少人能從海王星中「得到」眞愛，最多只能「體驗」眞愛。

海王星進五宮，常常讓我們愛上不能愛的人，或愛上不肯回報我們愛的人，或無能回報愛的人。有個三十多歲的女人，在海王星進五宮時，一直愛著一個既不忠實、又沉迷賭博的男人，女人不知原諒了對方感情出軌多少次，也不知出了多少次錢還對方的賭債，如此一場愛情癡迷夢一拖十來年，等海王星離開了五宮，女人才突然醒悟了。

海王星進五宮時，常讓人有所沉迷，有時是人，有時是嗜好，最糟的嗜好就是賭博，但也有人在此時發展出非常正面的嗜好，富有海王星的理想性質。我看過一個星圖，當事人在別人還缺乏文物保存的觀念時，沉迷於收集本土文物，十多年的金錢心力投注的確大有所成。也有人在海王星進五宮時，爲了嗜好而「犧牲」本業，我看過一個例子，當事人本來在銀行上班，但一直喜歡潛水（海王星），後來終於改行經營起潛水設備的公司。

海王星進本命六宮（處女宮）

海王星進六宮，最常出現的現象和個人健康有關，尤其是當個人誕生星圖中十二宮內有太陽、月亮、土星等星星時，當海王星進六宮時，和十二宮內的星星成對相時，最容易出現難以發現的病症。

我有一個女朋友，在海王星進六宮時和土星成對相時，剛好生產，產後她一直很不舒服，常常覺得全身每一個神經都在發麻，容易覺得噁心、疲倦、痠痛，她一直以爲是產後失調，找過各種醫生，都找不出眞正的病因。一直拖了兩年多（幾乎一個完整的土星週期），她才被檢查出她長了奇胎瘤，而瘤的形成說來奧祕，原來她母親在幾十年前懷孕時，原本是雙胞胎，結果一個發育成她，另一個卻萎縮留在她的卵巢內，等到這回她自己懷孕，營養滋潤了原本的卵，才長成奇胎瘤，因此一直影響她的內分泌系統，她接受醫生指示，動手術拿掉了瘤，身體狀況也改善了。

這是典型的海王星六宮的疾病狀況，就是難以發覺是什麼病，不像天王星進六宮，可能是突然中風或心臟病發作，或冥王星進六宮的病，通常和癌症或其他生死交關的病有關。海王星不會來得那麼來勢洶洶，但會拖很久，像愛滋病一潛伏達十年期的也是典型的海王星疾病。

海王星進六宮，如果不是嚴重剋相，疾病的狀況也許很輕微但惱人，最常見的症狀會像是對不明事物（如空氣、水、食物、化學物品等）的敏感，也許鼻子老是打噴嚏、皮膚發癢起疹塊，容易頭昏流眼淚等等，這些小症狀不是大礙，但卻對日常生活很妨礙。那是因爲海王星「溶解邊界」的力量，使得我們身體的「防禦系統」功能變得比較模糊，使得人體容易受外在環境的感染。

由於六宮和十二宮相對，六宮是健康和日常活動、工作的領域，但十二宮是潛意識、休息和夢，因此六宮的狀況和十二宮息息相關。現代人已經知道大部份的疾病都是「心因病」或「身心症」，所謂「意識創造疾病」、「意識治療疾病」，因此要面對六宮的疾病，光靠醫生是不夠的，一定要病人自己心靈的參與才行。尤其是海王星進六宮的疾病，更是必須要從十二宮（海王星本宮）去追溯潛意識的因果，以治癒海王星在六宮的疾病，靜坐、冥想、休息（靜心），甚至夢中治療（夢中瑜伽）都有其獨特的力量。

有的人在海王星進六宮時，經歷的困難不在身體的不適應，而表現在對工作的不適應。所謂「工作」，常常是我們個人和社會環境的一個媒介，聯結我們個人思維和他人思維的領域，海王星進六宮時，有的人會特別覺得「不想工作」、「無心工作」、「厭倦透了」，其實這些想法是很不實際的（海王星），但並沒有錯，錯的可能是現代社會提供的「工作」，常常只把人當成機器一樣，只要求一部份的社會功能，但卻壓抑整體人性的需求。海王星太敏感了，也太理想主義了，使得海王星自然不適合「實際」、「功利」的六宮需求，而產生了不適應症。面對這些困難，當事人還是得參照十二宮，了解自己靈魂的需要，但又不能完全遵循靈魂的需要，因爲如果全讓海王星勝利，那麼除非當事人可以不顧身心（六宮）只顧靈。事實上世界上是沒有這樣的人的，即使修行人都有六宮的問題（修行人也會生病，也有工作的困難），因此必須在六宮與十二宮的需求之間找尋平衡點，同時兼顧身心靈的平衡。

「平衡」是制衡海王星的最重要力量，海王星是夢、是理想，常覺得自己可以超越一切限制，有時海王星進六宮，會使當事人不管在健康、工作方面，都過份理想化或過份「逃避現實」（夢的另一面），有人在海王星進六宮時，會過份相信某些另類醫學或另類上師的指點，把自己的身心靈當成實驗場，試驗一切虛無飄渺的醫學理論、工作哲學等等，反而更增添了身心靈的困擾。因此，永遠保持自我覺察、觀照、反省是很重要的，不要盲信、不要執迷，在理性與直覺之間保持平衡，是海王星進六宮的重要功課。

海王星進本命七宮（天秤宮）

七宮是重要的人際關係之宮，但和三宮、四宮的人際關係不同就在於，七宮的人際關係剛開始時既非血緣又非姻親，因此好像不那麼命定（誰能眞正選擇自己的父母、近親或親人結婚的對象及生下的孩子等等）。七宮的人際關係「表面上」都是人們自己「選來」的婚姻配偶或工作合夥人，這些選擇雖然也都有「不易捉摸」的緣份因素，但至少比血親、姻親要較「自主」多了。而七宮的人際關係之所以「重要」，即在於七宮的關係需要較多的「合作」，因爲七宮和代表自我形象的一宮相對，若要兩者平衡，一宮的自我一定要有所調整。這種關係和五宮的情人、孩子不同，也和十一宮的朋友、同道不同。五宮的關係是奠基在喜愛上，很少人會說要和情人小孩合作的，只會說喜歡就在一起或生氣就暫時各避風頭。十一宮的關係則奠立在同好或同道上，彼此有共同的愛好或志向，因此關係的本質是「共享」，不是合作。

並不是所有夫婦的關係一定全是七宮型，但一定不會脫離七宮的本質，即婚姻和合夥關係。婚姻不只是兩個人同住在一起（同居），婚姻中有太多的事情要合作，從覓食、防禦、生產、養育子女等等，婚姻是人類設計的奇特「分工」制，不管是男性主導或女性主導，分工合作的本質是不變的，事業的合夥關係也一樣，也是分工。和老闆雇員不同（十宮、六宮），雙方的意志及習性對彼此的工作都會有影響，在婚姻生活中也一樣，在父權（或女權）中心的社會，婚姻也和買來的奴隸不同。如果在人類過去的社會中，有的婚姻像蓄奴，那麼只能說當事人根本不了解什麼是婚姻，把合作變成了命令和服從的關係。

海王星進七宮時，常常是對婚姻或合夥關係本質混亂不清的時候，有的人會過份

「理想化」自己的配偶，對配偶及合夥人言聽計從，只知服從，全未考慮自己的權益及意志。但也有人會在此時被對方「欺騙」或「背叛」，對方可能以一己之私利爲重，不管是在感情上或金錢利害上不顧「平等」、「公平」的原則，也有人會自己扮演欺騙者或背叛者的角色。

有時，海王星進七宮喚起的是較高貴的情操，當事人可能會滿溢著海王星式的犧牲精神，有人或許會任勞任怨地服侍照顧一個纏綿病榻的配偶，或獨力謀生計支持一個不理俗務的藝術家或修行人配偶等等。這種角色也可能逆轉，我們可能成爲那個需要他人救助、犧牲、成全的藝術家、病人或修行人。

在海王星進七宮時，我們若在此時遇見親密的伴侶或合夥人，對方可能會具有海王星的氣質或海王星的職業，最常見的有藝術家、音樂家、心理治療師、服裝設計師、攝影家、修道者等等。如果海王星相位不佳，則這些伴侶及合夥人之間則常見酒精、藥物上癮者，或是一些特別情緒化、意志軟弱、浪漫多情的人。

如海王星進七宮時，和七宮內的主星呈不利的相位時，當事人要特別小心因伴侶及合夥人而起的糾紛，尤其是牽涉到法律及醜聞有關的事。許多上了報紙頭條、花邊的人際關係的背叛、欺騙，常常是海王星進七宮後出現的負面事件。

海王星進本命八宮（天蠍宮）

海王星代表最沒邊界的消溶力量，進入了最和他人的金錢、性欲、死亡有關的八宮，將帶來不少的誤解、混亂、迷惑及錯失。有的人在海王星進八宮時因爲人作保而遭受金錢損失、有人因遺囑不淸而引起遺產分配的混亂、有人因帳目錯誤而發生稅務問題、有人因契約出錯而蒙受商業損失等等。也有人在此時遭受和他人性關係的難題，有的人可能是性別認同的混亂、有人可能是性無能的毛病，有人可能是性氾濫的問題。

至於死亡的問題，在此時有人會經驗強烈的自我求死和自殺的衝動，死亡在此被視爲一種逃避現實、棄絕世俗的理想行動，也有人經驗的死亡困惑來自他人的死亡事件，有時是和他人的自殺或神祕的死亡有關，而這些死亡的間接經驗，也會深深地困擾當事人的意識，也使得當事人深受死亡力量的吸引。

在海王星進八宮時，較正面使用海王星的力量的方式，一定得藉助心理分析及心理治療的過程，至於表達的媒介，可能是藝術、宗教、靈學等等。當事人必須覺察海王星的混亂、無明、迷惘，以心理分析的淸明，了解自身在八宮原欲的迷宮之內，才可能找得到走出迷宮的絲線。

有的人在海王星進八宮時，開始對輪迴、瀕死經驗及各種神祕的死亡現象著迷，由於海王星很容易沉迷，尤其當海王星相位不佳時，有的人會因此變得精神恍惚不安，有如「鬼迷心竅」。對於這種現象，當事人必須藉助一些科學的、理性的分析去了解神祕現象的力量，而並不是壓抑這些力量，這樣才能將海王星的力量導向正途，如一味壓抑，卻可能更加強了海王星的負面力量。

海王星進本命九宮（射手宮）

宗教、哲學、高等教育、異國文化這類事物，在一般人生活中並不是必需品，但對海王星進九宮的人而言，這些和人們高等心靈有關的活動卻會成爲生活的最主要重心。我看過一些例子，有人突然對某某上師的講道十分著迷，跟隨著上師天涯海脚傳道；有人突然狂熱於某些教團，不管是基督教、佛教或新興教派，把教團的活動當成生活的主要目標。有人一頭熱地對某個異國文化大感興趣，可以是歐洲、伊斯蘭、日本、中國等等，他們往往會帶著教徒般朝聖的心理對待他們的新歡，也許是異國建築、音樂、食物、文學等等。也有人特別沉迷於追求高等教育，像人花了十多年的時間唸好幾個碩士或兩個博士等等，也有人專注於攀登知識的象牙塔，專門愛唸各種艱深難懂的哲學……。

海王星激起人們崇高的情感，這些情感需要的對象自然不會只是財富、事業、伴侶等較實質的事物，而是一些較虛無飄渺的、神祕崇高的、深沉迷人的，因此象徵各類精神活動的高原，像宗教、哲學、高等知識等等，自然成爲海王星最想附著耽溺的對象。而由於海王星總是欲望著自己的欲望，愛著自己的愛，想著自己的想，這種不愛清楚分辨、明白是非、釐清你我、界定關係的心態，使得海王星成爲最容易自欺欺人的朦朧派高手。

海王星進九宮，尤其當相位不佳時，常常出現某些現象，例如讓某些人成爲糊塗的宗教狂，跟隨一些招搖撞騙的上師；或某些人陷身於某些教團，任憑宗教導師予取予求，導致人財兩失。有人成爲哲學囚犯，也許成天唸著一些無人能懂、自己也不甚明白的冷僻知識，而喪失了較基本的了解生命的線索，而迷失在知識的迷宮中。有人耽溺於異國文化的迷霧中，卻逐漸喪失了自我的文化認同，成爲失去了領土的文化遊民。

海王星進九宮，像一個不易醒過來的愛麗絲夢遊仙境，一切都是美妙無比的事物，海王星讓夢想的世界更美，也讓夢想的人覺得自己較優越，但如果陷得太深，走得太遠，當海王星的蠱惑咒語失靈後（海王星在每一宮約十四年），大夢初醒的人卻可能覺得九宮給予他們的並非精神的崇高天堂，而是迷失的國度。

要抗拒海王星進九宮時所帶來的魔法，當事人最重要的功課就是要保持清醒：增加自我的覺察力，不要相信任何的糖衣毒藥或任何的靈效藥、永生丸、解救仙丹等等，不要神化任何上師、導師、高人。海王星的追求是精神的超越，只有超越的精神才可能帶來救贖。凡是要用海王星換取世俗價值的，就如同浮士德和魔鬼談條件，使得海王星更能施展迷幻的魔術，讓世人陷入欺瞞的世界中，自欺欺人或被人欺，宗教、哲學、知識都可能被誤用，成爲引人上鈎的工具。

海王星進本命十宮（摩羯宮）

不實際的海王星，進入講求實際的十宮摩羯宮，當然困難重重，海王星喚醒我們較崇高、昇華、靈性的渴求，讓我們不能知足於只爲生存計算的工作、職業之中，我們渴望「做些什麼眞正的事」，以反映我們更眞實的內在、更飽滿的存在。

當海王星脫離九宮，剛進入十宮時，當事人常常會有人生方向、事業取向、事業取向、工作選擇的困惑。他們會對工作的一成不變、單調、平凡、瑣碎特別不能忍受。

他們不斷地在心中低聲自問：「難道我就這樣過一生嗎？」海王星使人們逼問自己和工作的理想關係是什麼？海王星使人們不切實際起來，於是一些屬於夢想的、偉人的、崇高的念頭浮現。有人希望自己能改行去從事更有創造性的工作，譬如作家、畫家、音樂家等等；有人希望自己能做一些服務他人、公益性的工作，例如治療師、教師、神職人員等等；有人希望自己成爲別人欣羡的對象，因此想成爲明星、上師、先知等等。但是改行哪有這麼容易，尤其藝術性、創造性、神聖性、公益性的工作，在初期也常常意謂著沒有固定收入，難以維生的問題，因此許多人面臨海王星進十宮的選擇時，也未必眞的敢「拋開過去、重頭開始」，而可能只是陷在「爲夢想而夢想」中。只是不斷地在心中盤算更美好的可能，但從不會眞正採取行動，但由於缺乏眞正行動、開創未來的勇氣，當事人也自然更容易自怨自艾、老是覺得壯志未酬，過著在工作中浮沉，隨波逐流般的日子。

有的時候，海王星並不會主動地讓當事人自覺事業或工作出了問題，而是間接地用外在的處境逼使當事人面對這個問題，有的人在海王星進九宮時，突然面臨了工作的低潮、事業的不順或者職業的困難，如降職、資遣、退職等等。當事人無法再像以往一般地依靠固定的工作做爲保護罩，工作不再是他們逃避現實的藉口，他們被迫問自己「到底能做什麼？」這樣的問題，而不是像過去一樣只是爲「餬口而做」。

由於十宮的工作性質，和六宮不同，並非只是一份「工作」而已，而是較接近事業、人生目標、社會地位這類的價值，十宮涵蓋了我們和社會的「關係」，因此海王星在此，意謂著個人和社會更大的「依存關係」、一種「屬於」的意識，海王星會迷惑當事人，有人會視自己的事業爲生命的救贖，過份執著於事業帶來的自我認同，例如藝術家會爲了創造的活動而犧牲其他的價值，宗教家也可能全身投入宗教的目標，而摒除世俗的活動。

海王星在十宮，勢必要當事人有所犧牲與奉獻，海王星要成全的是大我的事業而非小我的事業，因此海王星進十宮，並不適合於追求世俗的財富、權勢、成就。當事人如果越執著於世俗的滿足，往往越容易失望，海王星進十宮適合理想的、奉獻的、助人的、公益的工作，以求得心靈的滿足。

海王星進十一宮（寶瓶宮）

十一宮的人際關係，不是家庭、親友的脈絡，不是婚姻情人的緣份，不是事業工作的來往，而是超乎血親、種族、國界，而以思想交流爲主的同志關係，最能代表十一宮的人際網路，將是電子網路上的網友。

海王星進十一宮，代表當事人將渴求屬於一些較大的、較陌生的、較無國界的、較自由自在的、較能分享思想交流的、較不拘傳統的、較無牽掛的人際關係。連繫彼此的可能是一些志向相同的，例如都對天文、占星、環保、拯救野生動物、人權、女權等等議題關心的人，因此會加入某些團體或組織、學會、聯盟，以分享彼此的思想。海王星進十一宮尋找的友誼即是這種同道的情誼，關係的特質將不會是緊密的情感情緒分享，而是較客觀、疏離的心智交流。

海王星進十一宮，擴展了我們人際網路，以分享更寬闊的視野與天地，好的海王星相位，使人們走出狹隘的內心之家、血親之家、婚姻之家、社會之家而走向人類的大家庭，一起分享更多的人類事物，超越個人的、種族的、國界的利益，而以人類共同的利益爲大前提，因此像環境、生態、野生動物、和平等等議題，都將是海王星進十一宮的人，所嚮往的精神同盟。

不過，海王星雖然勇於許諾，但並不提供保證，有時海王星進十一宮，會讓當事人在獻身於某些團體之後，卻覺得團體不如所想，大覺失望而離開。例如加入某個和平組織的人發現同志們彼此忙於鬥爭、參與保護動物的人卻對同志十分無情、公關大力鼓吹社會公益的團體而私下卻可能中飽私囊等等。這些團體、組織背叛了海王星進十一宮人的理想，讓他們覺得志向被辜負了，時間也浪費了，個人生命要透過共同的理想來提昇的希望也幻滅了。

海王星進十二宮（雙魚宮）

海王星進十二宮，如同不同溪流中的鮭魚游向大海的國度，和其他的鮭魚一起集體的呼吸，而海王星進十二宮的人，也走進了夢、潛意識、神話的世界。海王星進十二宮是海王星的本宮，由雙魚座主導，因此雙魚座所代表的世界，不管是正面或負面的，海王星進十二宮的人必須面對與接受考驗。

海王星進十二宮的負面世界，常常是生命中最難承受的重擔，例如有人在海王星進十二宮時，陷入酒癮、毒癮或罹患各種身心症、精神病，或成爲無法適應社會的隱遁者，或極端地採取自殺行動以拒絕生命，這些悲哀的處境，其實都共同地反映了當事人對生命的失望。海王星使得他們察覺到人生的絕望，但他們無能去追求改善命運的機會，反而耽溺在私人的痛苦與不滿之中，而成爲海王星不幸的祭品。

海王星進十二宮時，所帶來的考驗，並不僅僅是日常生活的表面事物，當事人往往被更深的、更隱藏的、更潛伏的事物所著魔附身。有時是痛苦的童年往事，有時是人類集體潛意識的恐懼，有時是個人神祕的前世經驗。海王星讓這些伏流，重現在眼前，要求淨化、洗滌、昇華生命的悲痛，讓人們有機會獲得靈魂的健康與平安。

十二宮是靈魂之宮，海王星在此，考驗著靈魂是否自在安詳，任何的不安都是身心靈疾病苦楚的源頭，海王星或許能欺瞞、迷惑、逃避其他的宮位，但來到了自己的本宮，卻是無所遁形。任何靈魂的逃避，都將以各種的病狀呈現。

因此，海王星進十二宮，特別需要當事人發揮海王星與雙魚座的正面能量，例如說冥想打坐，深入自己的潛意識，治療自己的身心靈。放下貪嗔癡疑慢的執迷，學習無我的智慧，讓靈魂在海王星的理想中昇華、淨化，以準備迎向更好的輪迴或永生。

有時，海王星進十二宮時，會使當事人和一些機構很有緣份，例如醫院、監獄、戒護所、精神療養院、殘障、智障遊民收容所、殯儀館等等。這些機構都是由社會集體的病和痛組成的地方，海王星進十二宮人有時會透過他人不幸的病與痛，而體悟生命的課程。海王星有時提供十分有意思的現象，越是主動助人的人，反而越能自助。就像有些在殯儀館，醫院工作的人，如果是眞正付出愛心，反而會使自己百病叢生的身心靈恢復健康，這正是海王星進十二宮帶來的恩寵與賜福。

PART 2

外行星推進宮位演出生命歷程的情境

8 冥王星
宮位欲望的沉淪或昇華

冥王星進二宮就是讓我們學習現實生命和精神生命的平衡，適度地擁有金錢，能帶來不靠他人的自我價值及自尊，因此人人都應當努力讓自己經濟獨立，但同時卻也要開發、儲蓄自我的價值及自尊。而這部份的精神資產，也需要精神的努力，因此冥王星進二宮時，對於較有自覺的人，正是讓人可以開發自己價值的好機會。

冥王星推進本命一宮（牡羊宮）

在冥王星進入一宮前，會先經過上昇點（The Ascendant），這時當事人常會有種強烈的感受：覺得也許是某種生活方式快要結束了、某段關係到達了終點、某個工作已經無法再繼續做下去了。總而言之，這是一種介乎舊與新、過去與未來、死亡與新生的中介點。當事人這時最好能有時間靜下心來，自我反省或找他人諮詢，讓心靈與外在環境的過渡能在較自覺與清醒的方式中轉變，如此會比較覺得是自己在控制命運，而非被命運所擺布。

冥王星正式進入一宮後，不管當事人願不願意，都勢必要面對新的生活方向。在我研究的個案中，有人喪失了配偶、有人改變了職業、有人遷居國外，有人大病一場等等，外在的事件不一，或順或逆，但心理的衝擊卻是朝向一個共通處，即挑戰當事人的自我意識（一宮的領域）。

喪偶或離婚的人發現他習慣的兩人世界，或與他人聯合，或對抗的那個「舊自我」被迫死亡了。他必須面對新生的自我，改變職業或失業的人也必須要有新的自我來適應環境，遷居國外的人更是經歷舊日熟悉的自我面臨各種挑戰與變遷，大病一場的人也必須喪失一部份的自我活動與形象。

冥王星是舊的不去、新的不來，因此越是勉強要保持昔日的人，在這個階段會越痛苦，而折磨期也會越久，冥王星要毀掉舊的自我意識、重建新的人格。因此越迷戀、執著往日自我的人，越無法走入新世界，白白讓生命消耗在無謂的堅持與勉強之中。我看過兩個例子，兩個女人都是先生有新歡要求分手，一個女人雖然也厭倦了他們的婚姻，但在分手過程中卻百般找麻煩，不僅找先生麻煩，也找自己麻煩。她不時哭哭鬧鬧，要尋死要報復，拖著小孩一起打仗，全部的精力都耗在不讓他人活，也不讓自己活的各種糾紛中，這樣鬧了兩年多，最後婚還是離了，痛苦沒有省下一分一毫，更因爲情緒的波動太大，弄得百病纏身。

另一個女人卻採取了不同的方式，在得知婚姻有難時，她立即找心理諮商人員談話，一邊自我反省她對自己婚姻的眞實感受，是否値得挽救婚姻，在兩個多月的課程中，她承認她也並不眞的想留在一個早已死氣沉沉的婚姻裡，外遇的先生只不過是把問題掀開的人。她決定讓舊的一切結束，她平靜地分了手，安排了身邊事務，赴美攻讀了一個她一直想唸的碩士課程，之後回國換了新的工作。不到兩年的時間，這個離婚的女人展開了嶄新的世界，重建了一個她更滿意、更自信的自我。

冥王星就是這樣，需要人清醒地去面對、誠實地迎接挑戰；冥王星想毀掉的舊生活，一定有其該毀之處，不要恐懼，相信新生的力量吧！

冥王星進本命二宮（金牛宮）

冥王星進入二宮所造成的影響，從外在事件來看，最可能反應在當事人和金錢、資產的關係。通常冥王星的力量會改變舊的處境，因此當冥王星和其他行星形成不錯的相位時，冥王星可能使一個原本沒錢的人變得有錢，有錢的人變成更有錢，同理，當冥王星形成不佳相位時，則可能讓有錢的人變沒錢。

冥王星在二宮，有時會激起當事人強烈的累積欲，不斷地做著發財夢，或不擇手段地賺錢。或賺到了錢總嫌不夠，恨不得賺來全世界。有的人因冥王星在二宮內形成的相位複雜，而冥王星推進每宮的時間又長達十多年到二十年，因此就會看到有的人在這段時間內，用盡生命的力量不斷地在賺錢，也許賺到了，可是有朝一日，突然生意倒閉了，富翁破產了，冥王星奪回了一切。

許多的人總想控制金錢，其實大部份的人最終是被錢控制。因爲金錢代表生命中非常原始的力量，盲目而野蠻。並非人的欲望、夢想、貪心所能馴服，只有人的覺醒能讓人和金錢和平相處。二宮（金牛宮）就隱藏了這個訊息，一般人較容易看到二宮一體兩面的世俗面，即代表金錢、財物、擁有品、資產的一面，但看不到另一面，即代表自我價值和自尊。因此極度渴望金錢的人，往往是最缺乏自尊及沒有自我價值的人，他們必須用金錢來補償他們的匱乏。

冥王星進二宮就是讓我們學習現實生命和精神生命的平衡。適度地擁有金錢，能帶給不靠他人的自我價值及自尊，因此人人都應當努力讓自己經濟獨立，但同時卻也要開發、儲蓄自我的價值及自尊，而這部份的精神資產，也需要精神的努力。一般人一天到晚總忙著賺物質的資產，累了就娛樂休息，從不知道精神的財富也應當花時間、花力氣才賺得到，因此冥王星進二宮時，對於較有自覺的人，正是好機會讓人可以開發自己的價值。

我也看過有人在冥王星進二宮後，除了自己經營本業外，開始投身社會公益活動，發現了生命價值的多元性。也有一個人在多年忙著養家活口後，在冥王星進二宮後，開始拾起畫筆，如今已是小有所成的畫家，展現了他的另一種自我價值。

冥王星在二宮，最怕的就是盲目地只看到物質的資產，這種人輸起來會輸得很可憐。請問，一個只想賺錢的商人失敗後，還剩下什麼？當然是一無所有，不像社會運動家輸了還有社會正義，藝術家輸了還有理想……。因此，隨時保持對精神資產、物質資產的平衡，是冥王星進二宮的重要課題。

冥王星進本命三宮（雙子宮）

由於冥王星在每一個宮內的時間很長，因此凡人的一生常常不過只能度過四、五個宮位，命運舞台的特殊性就自然因人而異了。譬如說三宮和早年教育（十八歲以前）最有關係，因此如果一個人在六歲至二十歲的時間遇上冥王星在三宮，冥王星又形成很不佳的相位時，這個人就容易形成一般人所說的早年沒有讀書運的人。但沒有讀書運，並不代表人不聰明或不適合讀書，只是當時時機不對，以及不適合接受正統教育。因此如果社會能提供較多元的學習環境，如有私塾、補校、成人教育等等，則會對不同階段的學習需要有所彌補。

同理，冥王星在三宮，相位不佳時，也有可能反應在和兄弟姊妹、叔姨、鄰居的關係不對勁，因此這些人在生命不同的階段和近親的緣份就會起伏不定。觀察反省生活經驗較多的人，自然發現有人好像「天生」或「某段時間」就是會和某些親人「不對盤」。較輕微的處境是話不投機半句多、心生隔閡少來往。嚴重的則可能是常常爭執、不快、因事吵架，甚至鬧上法庭「近親互控」等等。

所謂「有緣好相處，沒緣多擔待」，近親的緣份，不管來自血緣或婚姻，都有凡事不由人的特性。冥王星的不利相位，最容易挑起人的我執，覺得天下皆錯我獨對，反而使得自己的人生路越走越窄。同理，也有人在冥王星進三宮時，碰上惡鄰居，或自己其實是別人的惡鄰居，居家不寧或鬧得四鄰不安，有時只有自認倒楣搬家，或者就少了正面衝突。我看過一個老先生和鄰居相怨多年，結果被鄰居八歲多的小男孩放了把火燒光了房子，這種倒楣事上法庭要求賠償也還是無奈。雖然小男孩的父母最後賠了錢，可是老先生一家數十年的回憶資料都煙消雲散了。

冥王星在三宮，如果相位不錯時，則代表會遇到對自己有所幫助的近親、佳鄰，或讀書運不錯，或適合從事傳媒工作。我看過不少在報社、雜誌、電視台、廣告圈身居高位、從事傳媒工作的人，都有冥王星在三宮的好相位或冥王星進三宮時成好相位。當然，如果相位不佳時，這些人也要小心不要因傳媒工作惹上麻煩，或被傳媒找上麻煩。

在冥王星進三宮時，如果有可能，保持記日記的習慣會有助於應付日常生活。有時在這段時間，當事人會較容易因爲心不在焉而忘了重要事件，因此任何合約的簽署都要小心。如果冥王星相位不佳時，千萬不要爲人擔保，尤其是不要爲近親及鄰居作保。

冥王星進本命四宮（巨蟹宮）

四宮象徵著一個人外在的家及內在的家、祖先及基因繼承、父母及根源。如果一個人在早年時冥王星推進四宮，不管相位如何，通常代表他的家庭生活必定有些特殊而神祕的事。我看過一個星圖的例子，當事人的父親一直從事情報工作，在女兒十多歲時才從海外返家，如果冥王星相位太壞時，當事人也可能在早年經歷喪親之痛（父母之一）。

喪親可能發生在生命任何階段，但在早年發生，給人的打擊最大，因爲就像房子失去了遮蓋風雨的屋頂，越年輕的人當然就越感受到生命的無依無靠；成年後，喪親之痛則會變成較深沉、複雜的失落感。因爲父母常代表人們和祖先、血源、過去回憶的一線連繫，不管是中年或壯年喪親，人們都會發現內心之家中突然出現了一些空白。有的人在父母在時，總覺得自己的一部份過去被保存收藏在父母的記憶中，當事人即使不記得那些回憶，但卻有一份安心，覺得生命的一部份還留存著，但父母一去，卻好像一個內心藏寶處被盜竊光顧過，記憶隨人消失了，生命的一部份也流失了。

也有時，這種對往日的失落感，並不見得表現在喪親上，而是透過冥王星進四宮，表現在喪屋上。我看過一個例子，一個中年女性，因為住了近三十多年的老家拆遷，陷入非常深的不安中，那個老屋從她出生後，就彷彿一個記憶之箱一樣，收藏了她點點滴滴生命的細節，屋子被拆後，她覺得整個人好像被掏空了一樣，她覺得她昔日的自我，似乎隨著那個老屋的靈魂一樣消失了。

這個女人這種強烈地「戀屋」其實其來有自，在我和她深談後就發現了原因，原來她本命星圖中海王星（代表夢想、理想化的力量）也在四宮內，但她的父母在她早年時非常忙碌，在她的記憶中陪伴她日出日沒、傾吐心事的不是父母，而是一屋的寧靜。她早就習慣把她的老房子看成像個老爹老媽一樣，守著她長大，老屋（外在的家）填補了她心靈的空洞（內在的家），怪不得在冥王星進四宮後，她喪屋的表現如喪親之痛。

有時候冥王星進四宮，會讓人喪失的不只是父母、家，而是根源。有的人在這個階段移民（不管是不是出於本意）國外的人，都會有這種喪失文化傳統的傷痛。尤其對那些因戰爭、經濟因素而流離異國的人，因為不是自願，失落感會更強，至於自願的人（但也可能是為了子女，或其他非個人因素），還是會覺得生命中一部份臍帶被剪斷了，太多的記憶都留在所謂祖國的那個時空中，而人能承載帶走的記憶是有限的，生命就這樣被切割成失落的過去和陌生的未來。

冥王星進四宮，最需要的心靈功課是重建自己的內心之家，主動地用記憶、回顧去建構一座聯結過去和未來的長橋，既然改變是不可避免的，最好的方式是運用心靈的力量，要懂得珍惜記憶。但是，記憶並非憑空而降、完全不需努力就可獲得的東西。記憶需要發掘、需要留意，人們應該多趁著父母健在時，留下自己的、父母的、祖先的記憶，就像歷史是人們共通的文化資產，需要用心保存。個人的或家族的記憶也是，另外也要懂得像收藏古物一樣地收藏記憶的憑證，也許是一本手札、相本或信件、用具等等。這些記憶精品不在它的價錢，而在它的價值。好好地重建、保護自己的內心之家，才能眞正安頓身心。

冥王星進本命五宮（獅子宮）

如果早年冥王星就進五宮，通常代表當事人在年輕或年幼時會和家庭、長輩有較多的衝突及問題。換言之，這樣的小孩會被認為是較不好帶大的小孩。通常人還年輕時，要人反省、自制是很困難的，對冥王星早年進五宮的小孩，需要父母的耐心。

至於在成年、中年後才遇上冥王星入五宮，問題則反應在當事人的小孩身上，當事人容易和小孩有衝突，有時是小孩或父母個性太強，有時反正就是「兩人不對盤」。如果冥王星剋相太重，則要小心小孩的健康及安危，有的人會在這個階段因各種因素領略喪子之痛。

中年或晚年喪子之痛，就猶同早年喪親，對人的打擊都是非常大的。早年是本該擁有却被剝奪，成年是已經擁有卻又失去了。這種災變，其實是「沒天理但有天意的」，凡人一生不論看自己、看別人，都無時無刻必須經驗生命的無常。但是，人總是陷於我執，別人的失落，容易理解，自己的失落卻總是追問「爲什麼偏偏發生在我身上？」「爲什麼不是別人呢？」天意不定，總有人會輪到，冥王星一向被占星學認爲是掌管靈魂的宿命星，只有靈魂才可參悟其中幽微。

冥王星可能帶來死亡，但亦是新生的開始，但新生需要人的參與，如果有人在冥王星入五宮時，遭逢喪子，如果能眞正體會生命是永恆的，死亡只不過是一個休息站。宇宙充滿了繼起的生命，不要問生命的名字是不是那個屬於你的、你的孩子的，生命的本質不屬於名。這種冥王星的心靈轉化，才能克服冥王星的黑暗力量。

如果冥王星剋相不強，或不參照到小孩（這是天理定數，要有孩子的星圖一起配合，不是誰剋誰的問題），有時，冥王星進五宮，會表現在遭逢一場刻骨銘心、欲生欲死的愛戀關係中。如果冥王星相位不佳或太剋，則可能喪失愛情或喪失愛人。我看過一個男人的星圖，在他二十五歲，冥王星入五宮又和金星成合相時，愛上了一個比他年紀大的已婚女人，兩個人歷經艱難，愛得難分難捨，終於女的離成了婚，但是就在離婚不久後，女的卻因意外而亡，這個陷入狂戀的男人，贏得了愛情卻喪失了愛人。

通常冥王星並不會表現得這麼激烈絕對，死亡的例子並不常見，但喪失愛情的例子卻較多。我看過一個年輕少婦在冥王星入五宮正值懷孕期間，愛上了她的婦產科醫生，（醫生是冥王星職業，婦產科又跟孩子有關，眞奇怪！）兩個人竟然開始交往，在孩子生下後，這個因愛而瘋狂的女人決定離婚，投奔她的新歡，卻在不到一年的時間內，發現她的婦產科醫生又有了女病人新歡，冥王星給了她痛苦的功課：愛的喪失。

在冥王星進五宮時所發生的愛戀，通常有一個特徵，即當事人需要一份強烈的愛來愛那個「藏在內心中、不被愛的小孩」，愛上婦產科醫生的女人，從小對冷漠的父親就有一份愛的渴望，愛上已婚婦人的男人也有一份未完成的戀母情結，他們都「自我創造出一個外在的處境」，讓他們再次經驗童年的失落與傷痛。

其實，五宮深沉的動力，並非只表現在小孩或性愛上，人們常透過「創造」小孩或愛情來滿足自己的創造欲及表達欲，但內在的創造與表達才是五宮的精髓。還好，我也認識一個日本女孩，在冥王星進五宮時，沒用她的身體生孩子或性交，而用她的身體開始跳舞，成爲非常好的佛朗明哥舞者。

冥王星進本命六宮（處女宮）

一般人都知道，總是有人好像天生身體的毛病比別人多，而有人則在生命的某些階段健康的困擾特別多，這些問題，除了要看本命星圖的六宮內有什麼星星外，推進六宮的星星也很重要。

冥王星入六宮，又有剋相時，肯定會有健康的問題，由於冥王星的週期慢，這些健康問題常常是慢性的、不容易根治的，而且也容易是致命的（例如癌症等）。有的人即在這段時間內遭逢大限，但由於冥王星的正負力量都有極端，善用冥王星正面力量的人，則可能以極端的意志、求生力量克服病魔而浴火重生。

冥王星的疾病，不像海王星般不容易察覺（如愛滋病、鼻癌、淋巴癌等和血液循環有關的疾病）。也不像天王星來得很意外（如心臟病），冥王星的疾病潛伏期較長，但只要定期身體檢查卻不難發現（如攝護腺癌、子宮頸癌、乳癌等等和生殖功能有關的），因此經常保持對身體的自覺，有助於克服冥王星的疾病。

冥王星入六宮，可以發生在人生任何時期，這就是爲什麼有些疾病會發生在幼童身上，也發生在成人、老年人身上。而身體的苦痛，通常孩童最難承擔，因此父母需要特別地費心，我就看過一個小孩冥王星進六宮，又和土星成嚴重的剋相，一直飽受先天性風濕關節炎之苦（土星疾病），而他的母親當時冥王星進五宮，也同時要承受小孩有病的壓力。

如果一個人本命星圖六宮的問題不大，有時冥王星進六宮會表現在工作的問題上。由於冥王星進六宮一定帶來相當的身心壓力，這些壓力如果不是立即反應在身心失調的健康問題中，就會反映在工作失調。有的人在這個階段會強烈地對工作感到厭倦、老覺得沒有力氣上班或經常情緒不好、容易在工作場所與人不快，或發現自己的工作沒什麼價值、覺得人生空洞等等。這些問題之所以發生，乃是因爲大部份的人們都無法分清楚「服務」、「成就」、「使命」和工作、職業的關聯，簡單來說，一個人服務人群的方式要看六宮，成就看十宮，使命看十一宮，但是並不是人人都有機會同時在工作或職業中完成這三項目標的。較好的方式其實是透過不同的途徑去完成，譬如說一個人做郵差，這是他的職業及服務社會和賺取生活費用的方式（六宮的職業），他的成就可能表現在奪得業餘圍棋錦標（十宮的社會舞台），而他的使命可能是挽救稀有的台灣蝴蝶（十一宮的志向）。

冥王星進六宮時，會帶給我們一連串壓力，讓我們思考自己和身體、工作之間是否累積了太多無形的壓力，無法疏解。疾病或工作困難只是表現壓力的一種方式，治病或調適工作需要先從心下手，排除潛藏的壓力，接受冥王星帶來的改變，以改變危機做爲基石，做開創新生的地基。

冥王星進本命七宮（天秤宮）

冥王星進七宮，最直接受到考驗的即是最親密的合夥關係：配偶。由於冥王星總是挑起人類最想壓抑、最潛藏一些情緒的感覺。一般人對無血親關係卻朝夕相處的配偶常常蘊藏了各式各樣好壞的感受，冥王星進七宮時，這些情緒常常藉著某些外在事件表達出來。

如果冥王星的相位不錯，這份壓力可能反而有助於配偶調整彼此的關係，以小小的爭執，換取更大心靈契合的可能。但如果冥王星相位不佳，則夫妻的糾紛可能比較嚴重，有時會透過感情的背叛、財務的糾葛、個性的差距等等而造成夫妻反目。不過冥王星在七宮時，並不容易離婚，總有一方會抓住不放，但往往讓彼此更痛苦，有時會拖上非常漫長的時間才分得了手。我看過一對夫妻反目成仇，卻拖了近十年才完成離婚手續。但有時冥王星在七宮，如果剋相嚴重，分手就是非自願的，變成了因喪偶而各分東西。

因夫妻不合而分手的人，感受到的痛苦是彼此權力傾軋、你爭我鬧的傷痛。因爲一方死亡而分離的人，感受到的卻是權力的喪失，一種所有權的被剝奪、一種面對死亡伸張權力而來的無能感，這些都是冥王星的課題。

除了配偶之外，冥王星在七宮，也可能影響到另一種合夥關係，即職業的、工作的、商業的、政治的等等合夥關係。冥王星進七宮時，也會挑戰當事人和別人的權力關係是如何分配。因此，有的人在這個時候和自己的工作同僚產生嚴重的衝突，有人和多年合夥人拆夥，有人和政敵相爭不下，有人被商場勁敵扳倒，有人跟自己的律師或醫生發生不快（醫生、律師跟客戶的關係由七宮主管），有人和自己的心理分析師（七宮主管）關係糾葛不清等等。所有的問題，其實都源自於人類的動物本能，即視權力爲互相爭奪的戰利品，從不肯眞正了解擁有權力的最高境界是分享及合作，而不是爭奪。

冥王星進七宮所爆發的種種權力爭逐的人間戲劇，都是希望教導人類認識深植於我們本能中，數百萬年的演化都未轉化完成的對「私權」的佔有欲。透過各種親密關係，讓人類了解分享、尊重、合作的可貴。但這樣的功課，需要靈魂的提昇才可能參與。這也是進化占星學希望藉著用宿命的變遷為例，讓人類了解自然法則（優勝劣敗、適者生存）外，還有超自然的法則（靈魂法則），只有賦予靈魂自由的意志，人類才能脫離身心宿命的擺布與痛苦輪迴的流轉。

冥王星進本命八宮（天蠍宮）

冥王星進八宮，等於掌管冥府的普魯托神（即冥王星）回到了自己的王宮：回到幽暗、無明、充滿人類原欲的煉獄之中。這當然是驚天動地，爆發各種正面、負面生命能量的時候了，這也是人類面對各種形式的沉淪或昇華的關鍵。但丁的《神曲》即是一趟冥王星進八宮的生命之旅。

這個時候，冥王星考驗著人的各種原欲，即所謂的五毒：「貪嗔癡疑慢」。有人在冥王星進八宮時，侵佔或被侵佔了金錢，有人因逃稅惹上稅務大問題，有人因離婚而鬧贍養費大戰，有人因遺產問題與他人糾紛不斷，有人在此時犯下強暴罪行，有人童年被性侵害，有人因爲情人不忠、妒火中燒而殺人或灑人硫酸，有人因看別人有錢眼紅而綁架勒贖，有人和情人一起殉情而亡。這些恐怖的事並不會發生在每個冥王星入八宮的人，但確實會發生在一些本身八宮剋相重重又因冥王星進入而產生各種剋相的人身上。

黛安娜王妃就是這樣的例子，她本身八宮的問題不少，冥王星入八宮時，她因查理不忠而鬧得世人皆知，離婚贍養費也相持不下，而最後因意外而死。冥王星在八宮，遇到的死亡確實常和個人較有關，當事人等於是跟隨著冥府之神而進入了冥府，不過這種情形也不常見（除非八宮剋相很重，如黛安娜）。一般而言，八宮的死亡多半是象徵的，當事人若執意陷在各種原欲的煉獄中，無疑是生不如死。

我認識一個人年近黃昏時但依然美麗的女人，從冥王星入八宮時，她的日子就不好過。先是她的配偶突然發現了絕症，只有一年多的日子可活，在這段時間，她經常得於醫院公司之間來往奔波，煩惱之餘，又發現先生和另一病房的女病人因同病相憐而產生感情，飽受嫉妒之苦卻難以發作的她在奇怪的情緒下成了未亡人，但隨後就開始和丈夫前妻及前妻子女打起遺產官司。同時，依然貌美的她卻在此時變成昔日舊情人的新第三者，而擔心對方的原配會到法院告她。這段像極了「戲」卻真正在人生上演的過程，不斷折磨這個女人，在一次因緣際會下，她痛苦地問我：「怎麼辦？」

冥王星八宮的功課是很難的，許多的宗教、聖賢的傳道都不過是在探討人如何面對冥王星八宮的考驗，也就是如何淨化五毒、脫離煉獄。但是，太少的凡人願意去做一件最簡單的事，即「放下欲望」。

人因欲望而生，放下欲望真的很難，如放不下，至少要學習轉化欲望到較高的層次，即一般人所說的「昇華作用」。教育、藝術、哲學、宗教、靈學都有助於人的昇華，冥王星進八宮時，最好多親近能帶來昇華意識的事物，譬如一個人若本命星圖八宮內即有較獸性的性本能，在冥王星進八宮時，如果還成天接觸各種色情刺激，就如火上加油，更會使這人犯下性犯罪。但如果這個人有藝術創造或宗教的修行（不能只是理論，要身、口、意三修），則的確可以轉化欲望。

轉化欲望和壓抑欲望不同，就像治水和堵水不同，堵水也有可能再激起大洪水，欲望也一樣，必須懂得轉化。而最好的轉化就是靈魂的轉化，了解占星學，其實是提供人們靈魂覺醒的機會，讓靈魂面對自己的原欲，我們才不致盲目地在生命之旅中隨本能而亂起舞。

成年人遇上冥王星八宮，已經夠痛苦了，如果是小孩或青少年，則問題更大。爲人父母的，如果願意相信，看到小孩八宮內剋相不少，偏偏小時又遇上冥王星入八宮，應當做好心理準備，這樣的小孩的「業報」很重，既然有緣爲人父母只有好好幫助他們。通常這些小孩表現冥王星的負面力量有兩種，一是施展冥王星邪惡、負面力量，這些人即是一般人說帶有「犯罪本能」的人。他們來世上是來討債的，但冤冤相報、何時了?能度化他們忘卻仇恨，反而能助他們早日脫離苦海，父母對這樣的小孩，絕對不能以暴制暴，當然更不能放縱其行，只有靠很辛苦地、不斷地感化、教育，尤其要讓他們明白一些宗教道理或靈修智慧，其實進化的占星學在此也可提供爲自覺的工具，讓他們相信超自然法則的因果報應，絕對比法律的功效大。

還有另一種人是承受冥王星邪惡、負面力量的人，他們今世相當無辜，卻必須「還債」。我認識一個女人，從小被繼父性虐待，長大後一直把童年的痛苦深埋心中，從未遺忘，以致影響了她和所有其他男性的關係。父母若碰到小孩遇到一些「不幸」，最重要的要教導他們了解伏爾泰的話，「重要的不是你遇到了什麼生命事件?而是你對這些事件的反應?」不幸需要處理，冥王星的不幸最需要心理治療及靈魂療癒。

不是所有的人，都能遇到好父母。對某些曾經在童年時受過冥王星傷害的人，成長後，最重要的，要學習拯救自己、療癒自己，這個途徑可以通過許多外在的支援管道，但第一步必須要自己開放冥王星的正面能量，相信走過死亡蔭谷之後，青青草原一定在眼前。

冥王星進本命九宮（射手宮）

比起冥王星進八宮的驚濤駭浪，冥王星進九宮再不濟也好過多了，如果打個比方，冥王星進八宮是進入黑暗的心靈地洞，進九宮則是想攀登光明的心靈高原，雖然也有一不小心掉下粉身碎骨的可能，但至少是光明在望。

冥王星進九宮時，如果相位不錯，通常是冥王星發展較高精神能量的時候，有的人在這時進修高等教育，有人開始鑽研哲學、宗教，有人則對異國事務、人、文化著迷。冥王星刺激心靈展開了雙翅，往更高更遠的地方飛去。

但當冥王星呈不佳相位或嚴重的剋相時，也可能出現一些令人困擾的事，譬如有人在冥王星進九宮時，放下他無法再相信的，從小受洗的基督教基本教義派。或是主張改革佛教的人，受到保守佛界的攻擊。有時，冥王星進九宮也會讓人突然對一些新興宗教大爲狂熱，這些狂熱教徒可能到處勸人信他的教，別人不信則做出詛咒他人下地獄等等令人不悅的事。在占星學上，即把十字軍東征當成是冥王星進九宮的負面事件。這些十字軍一路姦淫擄掠卻還同時傳播上帝愛人的道理，這即是冥王星進九宮負面能量的最明顯表現。

九宮也代表較高的世俗正義，通常以法律代表。冥王星進九宮，如有剋相，有時反映在當事人跟法律的衝突上，有人在這時和人打官司，或被告，或觸犯法律等等，最奇怪的是，在占星學的傳統定義中，九宮也代表隨著婚姻而來的一些關係，如岳父岳母以及各種姻親，我確實看過有人在冥王星進九宮且呈剋相時，和岳母水火不容，導因竟然是兩個人各信各的教，誰都覺得對方信錯教。

九宮也象徵了人類較高層的精神自我，因此九宮強的人，容易成爲各種教導者，如教授、上師等等。這類人在冥王星進九宮時，更容易發揮本能，但有的人卻過份執著自己的教導者角色，犯下冥王星的大忌，也因爲堅持自己的意見，而引人走入歧途或遭世人背棄，許多宗教上師即因此而出事。

冥王星進九宮，最重要的是開放心靈的能量，追尋超世俗的生命意義，但同時要懂得尊重世俗的正義。即是聯合高層心靈境界「higher-plane」以及代表至上法律的最高法院「higher-court」，讓超然與人間的正義同時實現。

冥王星進本命十宮（摩羯宮）

十宮代表社會舞台、地位及成就。當冥王星進十宮時，個人將在這些領域面臨成功或失敗。有的人，尤其當冥王星和其他行星形成不錯的相位時，在這個階段發現自己攀登到了事業的高峰，他們終於可以對社會大聲說「我來了」，他們擁有了令人欽羨的地位與成就。

但也有的人在冥王星進十宮後，黯然神傷，他們發現自己一直在從事的「職業」，根本不是事業，更別說得上是成就。他們覺得一無所成、失落、空虛，有的人在這個時候變得更迷失，但有的人卻決定在這個時候再給自己一次機會，重新開創自己的事業。

不管是攀登事業高峰或遭遇低潮的人，都不可避免要和冥王星的主題「權力」面對面。所謂好運當頭的人，發現自己手中擁有大量的權力，可以支配、控制影響他人，這些人可能是公司的老闆、政府、社會名流。他們站在社會舞台的中央，人人知道他是誰，認可他一定的權力，這時，對權力的反省就成了很重要的工作，很多人可以打贏事業，卻打不贏這一仗。許多人變成濫用權力的人，傷害了自己，更傷害了別人。

我們不難看到，公司的老闆頤指氣使，不把員工當人看，政客操縱公權力、背棄選民的寄託，社會名流亂用自己的影響權、樹立錯誤不當的典範。人人急著擁有權力，但卻不懂如何運用權力，這是冥王星進十宮經常發生的現象。

有的人則在這個時候，發現自己是沒權力的人。在公司沒權說話，在社會上沒權行動，這些人可能眼睜睜地看他人誤用權力，甚至可能把權力施加在他們身上，這些人於是怪罪自己，覺得是自己爬得不夠高、不能出人頭地是自己的錯，而不是濫權的人的錯。有的人則不服氣，決定扳倒那些比他「有權有勢」的人，有些冥王星進十宮，又和火星成剋相的人，決定也在社會舞台上轟轟烈烈地做件大事，這些人採取的行動也許會透過最快出名的方式：犯個大罪。他們也許搶劫、殺人、放火、綁架、鬥毆等等，在犯案的那一短暫時刻中，他們會覺得暫時「有權」了，然後身敗名裂。

我們這個社會，常常輕視一般人從事的職業（六宮），也不看重富有人道精神的志業（十一宮），反而最看重一個人爲自己的權力、成就、地位打拚而來的事業（十宮）。因此，人人都想成爲社會舞台中擁有權力的人物，而最能代表這個權力舞台的就是政治，而政治的本能常常是權力鬥爭，也因此，人類的社會常常成爲權力爭逐的競技場。

高等的政治精神不該是權力鬥爭，該是權力的合作，是貢獻社會而不是壓榨社會。許多本命星圖中十宮很強的人，通常是較有機會成爲社會舞台中心和握有實權的人，他們對十宮權力的理解與運用，其實關係著許多人的命運。思考冥王星進十宮，我們希望這個社會能更了解權力運用的哲學與倫理。

冥王星進本命十一宮（寶瓶宮）

冥王星進十一宮的現象，可強可弱，關鍵在當事人星圖中十一宮及寶瓶座的影響是否夠強。有的人在冥王星入十一宮時，只會發現自己突然對一些社會團體產生了較大的興趣，譬如圍棋社、登山社、消費者文教基金會、婦女聯盟等等，他們或許會加入這些社團，認識了一堆和過去經常交往的人完全不同的新朋友。這些新朋友的眞情通常都建立在彼此共有一些相同之道，如橋牌、插花、養貓狗、保護動物、環境保護、女性意識等等，我們會稱呼這些人是「同道」。

但有的人的反應則較強，他們可能本身十一宮就強或寶瓶座特強，他們會把所發現的嗜好、團體當成「志業」。他們號召同道、推廣想法、成立組織、鼓吹社會運動，以完成他們熱中的議題（也許是防止性侵害、拯救雛妓、幫助受虐兒、關懷老人等等）。

十一宮是志業之宮，通常代表一些鼓吹人道精神，以大我、博愛為主的思想、工作與活動，十一宮強的人不屑也不積極在社會舞台中央活動，他們較有興趣的反而是各種社會邊緣的舞台。他們天生不愛主流，喜歡較有理想、較顛覆世俗、較不小我的非主流組織。因此，社會公益、非營利組織、具有願景的志業才是這些人的最愛。

冥王星進十一宮，如果相位佳時，個人可開發這種較具開闊視野的人生志業。這時，也容易結交具有影響力的同道（但不是十宮那種有權有勢的大人物），以改造社會、實現大同精神為職志。

不過，十一宮的願景、理想也可能有偏頗之處，有時當冥王星進十一宮，相位不佳時，當事人可能捲入一些古怪、驚世駭俗、過份異端的社團或組織，也可能結交一些怪誕、乖張、偏執的人士，他們崇尚的可能是主張恐怖分離主義的種族運動者，會以暴力為訴求的保護動物人士、徹底排斥世俗生活的狂熱教徒、以恐怖行動攻擊異己的反墮胎人士等等。這些現象，都是不當的冥王星進十一宮時，可能產生的負面能量。

冥王星是一顆極端之星，永遠只有過與不及，平衡冥王星的力量必須靠當事人的自覺，十一宮雖然充滿各種良善的意圖，但好的動機未必一定有好的結果，只有不斷地自我檢查，才不致落入冥王星的負面圈套之中。

冥王星進本命十二宮（雙魚宮）

八宮若是心靈的地道，十二宮則是心靈的密室。冥王星是一顆熱愛黑暗、神祕、幽微的星，進入十二宮，猶如派個偵伺高手進入充滿祕密與情報的五角大廈內。

十二宮也被認爲是潛意識之宮，許多人在冥王星進十二宮時，會發現自己突然對一些生命中較隱祕的事物產生興趣。有人迷上心理分析，有人迷上星象命相，有人迷上卜卦塔羅，有人迷上輪迴學說，有人迷上心靈學等等。冥王星探測的能量，猶如探礦針似的，插入人類心靈、意識的深處後，傳出各種奧祕的生命訊息。

如果冥王星的相位良好，進入十二宮，當事人也可能重新發現自己原本忽略的潛能。我看過一個星圖，當事人冥王星進十二宮後，成年的他才開始學音樂，卻在短短的幾年內成爲相當成功的作曲家，他告訴我，他常常在睡夢中聽到一些奇妙的樂音，他現在相信他「前世」必定是個音樂家。

這種「前世今生，往事重現」的感覺，常常浮現在冥王星進十二宮的人的心中。有個女人告訴我，在這個時期，她碰到了一個異國戀人，不知怎麼回事，她從第一次見面，就覺得那個人很眼熟，好像在哪裡見過。他們無可避免地相戀了，她隨他回到家鄉，卻發現那個位於阿爾卑斯山麓的小鎮，竟然和她夢中經常出現的一個異國小鎮十分相像。

有時這種往事重現，未必一定在前世，而在今生今世。在冥王星進十二宮時，我們也常常會和今生的一些老朋友再續前緣。有個喪偶的五十多歲女子，在這個時期，竟然和她年輕初戀的情人再相遇，一直未婚的他，卻在這遲暮之年，迎娶了他年輕歲月的舊愛。

冥王星喚起了十二宮的心靈感應、神祕意念，有時這些力量也不全然是正面的，當冥王星在不佳的相位及剋相嚴重時，有人在這個時期患上了嚴重的神經衰弱症，經常覺得有人要害他；有人受黑暗的低靈世界吸引，在怪力亂神的擺布下耗盡心神；有人愛上了折磨、虐待她的前世冤家；有人開始沉迷於酒精、毒品之中。

十二宮是輪迴、業報之宮，好因果、壞因果全上。我見過一家人的星圖，女兒在嫁人不久後，才發現先生有精神宿疾，不時發作的他，最後竟然將岳父母砍成重傷，最奇怪的是，這家人都有冥王星進十二宮的現象。

冥王星進十二宮，是承受生命輪迴業力之時，也是領悟之時，更是洗滌、淨化、轉化之時。好的因果固然令人喜悅，但因果也需小心對待，否則今日種下明日之果，一心驕恣、福報享盡的人，正在播種明日的惡果。壞的因果固然讓人感歎，但耐心承受的同時，靈魂亦要清明起來，思索一切業力循環的本質，化解恩怨不斷的暴力本質，才能讓生命有脫離輪迴的機會。

冥王星進十二宮，這趟旅程走得不易，卻也可能是心靈豐收的季節，如能好好地過，等於在今生中多一次肉身輪迴的機會。在冥王星走完全程，和上昇點會合時，那些完成淨化過程的人，將有全然的新生等待他們。這是多麼美好的事！

PART 3 ★★★

外行星推進相位
演出生命歷程的情節

PART 3

外行星推進相位演出生命歷程的情節

9 木星
相位的允諾和空言

在傳統占星教科書中，木星推進合相太陽，通常都被視為鴻運當頭的時候。因為它會帶來樂觀、積極、奮發的力量，可以幫助人們掃去生活中原有的陰霾。不過，木星的力量，也不是全無缺陷的，因為木星會使人變得大膽、衝動、過份樂觀起來，所謂「樂極生悲」便是木星的負面力量。

木星推進本命太陽的相位

合相（0度）：在傳統占星學教科書中，木星推進合相太陽，通常都被視爲運氣很好的時候。因爲木星會帶來樂觀、積極、奮發的力量，可幫助人們掃去生活中原有的陰霾。

尤其是太陽的相位或宮位良好時，又遇上木星合相時，常是高昇、中獎、得學位、發財、出名等世俗有成之時。而除了世俗的貢獻外，對於較進化的靈魂而言，木星合相太陽時，亦是開拓生命新經驗、廣泛學習、接近哲學宗教的好機會。

不過，木星的力量，也不是全無缺陷的，如果一個人本命太陽相位、宮位不佳，則木星合相來臨時，反而要特別小心，因爲木星會使人變得大膽、衝動、過份樂觀起來，所謂「樂極生悲」便常常是木星的負面力量。因此，宇宙間的力量與作用往往是因人而異的，研究星象時不可不細察。

對相（180度）：對相的力量，猶如一把雙刃鋒，是最難控制的宇宙力量。當木星對相太陽時，當事人個人的修爲及基本生命態度的影響力，可以決定木星究竟帶來吉或凶的力量。通常太陽本身的相位，如果和諧相居多，則木星的對相，帶來的衝動及突破，反而可以使一些有利但和緩的和諧力量揮發而出。但太陽本身若剋相過多，則木星對相時，亦有可能使得原本相剋衝突的情勢更形嚴重。

木星對相太陽時，和合相太陽的最大不同在於，合相的樂觀常常是「由內而外的」，當事人會因爲內心的順暢而看世界也很順眼，因此做事就自然順手。而木星對相的力量，則是「由外而內」的力量，好運有時來自某個得力貴人的出現，一個有利的外在情勢等等。同理，若木星力量使用不當，則好運變歹運也可以是來自錯估了情勢或貴人變小人等等。

和諧相（120度）：這是木星力量最有利之時，即使當木星和諧相的太陽相位並不佳，木星也能暫緩太陽的缺陷，而讓太陽有休養生息、愉快一下的機會。這時，當事人常會覺得很多事情都變得順利多了，機會常自動上門，不管是事業、工作、健康、情緒都突然好過起來。（當然，特定的生命事件的判斷則和太陽及木星所在宮位有關，如太陽十宮和諧相木星六宮，則和工作順利事業升遷有關，而木星二宮和諧相太陽六宮則和工作帶來的收入增加有關……）。木星和諧相太陽時，當事人也容易變得大方起來，較有能力享受生命中美好的事物，有些較物質化的人，全在這時買很多衣服、珠寶、家具等等，因此要小心過份物質主義，若能提昇木星的力量則更好，至於較進化的人則在此時可能選擇多旅行、多看書、多靈修等等。

衝突相（90度）：木星衝突相太陽時，會帶出每個人的個性中不受管束的頑童和小飛俠的那一面。因此，雖然，一般占星學教科書中，總認為木星衝突相太陽屬不吉，但其實也是因人而異的。我看過一些星圖，若當事人的太陽在土相（如摩羯），而星圖中土星力量又過強（例如土星合相太陽），有時，即使是木星的衝突相，反而讓當事人變得大膽起來。譬如說一個原本拘謹、實際得不得了的人，突然因木星在五宮時衝突相太陽，談了一場雖然可能是錯誤的戀愛，但畢竟增添了當事人生命中不同的風采。

不過，對原本木星力量就過強的人，如太陽在射手，或火星力量太強的人，像是落在牡羊，或是本命星圖木星、火星衝突相的人而言，再加上行運木星衝突相太陽，則有如火上加油，火勢更不可遏阻。那麼當事人必須特別小心惹上了財務、法律、旅行的麻煩。

當事人最要銘記在心的是，不要讓自己的太陽變得過份的膨脹、自大，以為自己無所不能，結果就會像裝了蠟翅膀的伊卡瑞斯，一心想飛得比太陽高，結果卻被太陽的熱度熔化了翅膀而跌落地上。

木星推進本命月亮的相位

合相（0度）：這個相位常帶來情緒的振奮與滿足，有的時候，會是藉由外在事件的刺激，譬如當事人突然從某位女性處得到好意，也許是愛意、幫助、金錢、關心等等。也許並沒有任何顯著的外在事件，而只是表現在當事人內心的世界。當事人會不由自主地覺得特別樂觀、有活力、充滿各種奇妙的嚮往之情。這段時候，當事人的家庭生活，和母親、姊妹、女性的關係，都會大爲改善。也有人會在此時對房地產投資與裝潢房子特別感興趣。這同時也是「心情好、胃口大開」的時候，對於特別怕胖的人，則必須小心這個時候超強的吸收力。但對於喜歡烹飪、美食的人，則可利用這段時候好好享受。

至於對於比較重視性靈生活的人，當木星合相月亮時，也是情緒、感覺、靈魂特別敏銳之時，可以好好在此段期間，透過音樂、文學、藝術、靈學、自我沉思而開拓更廣闊的心靈空間。

對相（180度）：對於原本較容易悲觀、憂鬱的人而言，木星對相月亮時，則有如在烏雲上鑲了金邊，當事人會覺得每件事都變得好過了一點，也比較可以放鬆情緒；

但對於原本就過份大膽、自信、樂觀的人而言，木星會讓情緒更放任，當事人可能會覺得眞是「天底下無難事，什麼事都會成功」，因此膽大妄爲的去做許多事而慘遭滑鐵盧？

也有許多人在此時放縱於飲食、性愛、消費，造成了過度的支出與消耗，形成了不健康的身體、人際關係和財務狀況。

也有人在此時過份沉迷於精神及性靈的追求，卻反而造成了心靈的不定或情緒的不安。木星對相月亮時，需要學習的就是「不可過度」，如果能謹愼面對，則較可選擇木星帶來的善意與好處。

和諧相（120度）：這是一段很愉悅的光陰，雖然不像木星合相月亮那麼明顯，但卻更令人覺得舒適、精神放鬆，尤其對原本精神緊張的人而言，當木星和諧相月亮時，會覺得生命的調子變得較緩慢、輕易、自在。有些人在這段時間，會和某些女性建立起良好的友誼，而男性在此時也可能和其他男性建立起較「女性化」的情感交流，有些人則會在此時因女性或女性的助力而得到良好財運（物質的），也有人可能得到的是精神上的好運（如宗教、性靈的啓示）。

衝突相（90度）：當木星衝突相月亮時，當事人會特別覺得情緒的騷動與不安。通常衝突的來源來自兩大力量的拉鋸，木星渴望自由、擴張，而月亮則嚮往穩定、安全。例如，有的人在此時特別覺得婚姻或固定的情人關係讓精神很受束縛，但卻又不敢輕易放棄現有的安全關係，可是又難耐想出軌或放任的情緒，因此天人相爭，十分不安。

有的生意人在此時則面臨到底是要擴大事業規模，投資更多的金錢，還是保守穩健地守住現有的一切？有的上班族則徘徊於要出國遊學、換工作、創業以享有更大的自由，還是繼續乖乖地領安定的薪水？

這些衝突基本上可能發生在任何狀況、任何人的身上，至於如何面對這樣的處境，以及如何選擇未來，基本上則必須根據個人的獨特狀況決定。越能自我覺察的人，越能控制命運，而不是被命運控制。譬如說，如果自己的月亮特別地保守、膽小、被動的人，有時反而可以利用木星衝突相的力量而開展新局。但對於月亮本來就衝動、輕率、任性的人，在木星衝突相來臨時，絕對要特別謹慎小心才可度過危機。

木星推進本命水星的相位

合相（0度）：如果水星的相位不錯，則木星合相水星時，將有利於學習寫作、教育、法律、買賣等，但如水星相位不佳時，則要特別小心因木星的刺激，反而導致了以上事項產生了問題。至於要看是什麼事項，則必須注意宮位。如水星相位在二宮、八宮，水星的焦點將在財務、買賣上；在三宮、九宮，則和寫作、教育、傳播、出版較有關係等。總之，水星基本上與思想、語言、溝通、計畫有關，木星合相則擴大了心智、語言和溝通的範圍。

對相（180度）：木星對相水星時，當事人會著迷於「見林不見樹」的大計畫，也許是計畫寫作大部頭作品或同時寫作很多不同的書，或不顧現實情況，幻想去修讀博士課程或出國遊學等等，或夢想做某些大買賣等等。但如果不能顧及細節及小心從事，則這些宏大計畫往往有始無終、雷聲大雨點小等等。因此面對這種局面，最好事事要計畫周全，而且不要自以爲是，多聽第三者的意見，還要重視細節的執行，如此才可避免木星造成的粗漏及草率。

和諧相（120度）：這是一個有利於計畫執行及完成的時期，但不可坐著等待事情發生，必須事先準備，看準時機。這段時候，通常有利於演講、學習、寫作、教育、出版、傳播、買賣、通訊有關之事，至於何事發生，則必須參考木星及水星所在的相位，例如水星在三宮，木星在十宮，則可能因傳媒的報導，而增進了一個人的社會知名度等等。由於木星和諧相水星，有利人際的溝通，因此這是一段拓展知性友誼的有利時間。此外，這也是學習新事物、新語言、新學科的好時機。所謂好的開始是成功的一半，可用來說明木星和諧相水星的時機。

衝突相（90度）：木星衝突相水星，常是心智活動過份活躍，以致容易緊張、焦慮、想太多反而更煩惱的時候。但奇怪的事，當事人想得雖多，卻想得不周全，因此還是會常有「掛萬漏一」的情況發生。因此這段時間要特別小心文書、契約的簽定。

這段時間，也是容易和他人產生意見分歧、溝通不良的時候，因此最好不要在此時決定重要的合作計畫，如果爭論發生，也不要太堅持，不妨靜待一段時間，有時問題反而自然消失。尤其和法律糾紛有關的事，最好不要在此時解決，反而更容易擴大事端，拖過這個時間，反而有利。

木星推進本命金星的相位

合相（0度）：在傳統占星學教科書中，木星合相金星時，常是新戀情發生之時，因爲金星對愛情的渴望，會因爲木星的刺激而加強，使得人們比較容易看到意中人。這個情況，尤其是金星在五宮（想談戀愛）、七宮（想找伴侶）、十一宮（渴望朋友）、十一宮（渴望知音）時最強。其實，除了對情感的追求外，木星合相金星時，也容易激起人們對美、浪漫、金錢、享受、歡愉的需要，而以上這些事物確實也都和愛情有著很深的關聯。因此，在木星合相金星時，一般人對物質及精神的渴求都會增強，想戀愛的感受可以是對人、對食物、對音樂、對美術、對家具、對服裝等等。

對相（180度）：木星對相金星時，常激起人們較不實際及虛張的渴望。有人會特別渴望新戀情發生、有人渴望賺筆錢、有人渴望過好日子、有人渴望新衣新珠寶等等。當事人也許很容易陷在幻想中，譬如在社交場合遇到某人，就馬上編織一段新的戀情夢想。或隨意地消費去滿足物質的需要，以塡補內心的空虛。或大肆地投資，以爲能用錢生錢，而這些大膽、冒險、幻想的行徑，卻常常只是一場空。

和諧相（120度）：木星和諧金星時，根據金星的宮位，當事人可能是事業進展、財運增加、戀情順利、人緣擴大、知名度躍升、心境愉快、生活愉悅之時，當然這些好事很少通通發生在一塊兒，但有時也可能好事成雙、萬事如意。總之，木星和諧相金星時，生命總是像彩虹一般瑰麗與充滿希望，雖然彩虹總是短暫的，木星和諧金星的日子也不會太長（最長不會超過一年），但好在人生總是有木星和諧相金星之時，就像雨後的天空會出現彩虹一樣。在此時，好好享受生命的美和歡愉吧！

衝突相（90度）：木星與金星衝突相的力量，常以幾種方式呈現，譬如當事人會十分渴望新戀情，但因渴望過切，卻常常輕易地愛上了不適合的人而惹來煩惱。或者是一愛就愛得天昏地暗，反而把對方給嚇跑了，也可能愛上了根本不想允諾的愛人（木星型），使得渴望歸屬的金星受傷等等。總而言之，木星的衝突力量，導致當事人行爲衝動、做事欠考慮。

有時這種「戀愛熱」會伴隨亂花錢、好享受、生活怠慢等等習性，當事人就像春天惹上了花粉熱的人一般，身不由己地中了「過度的愛」的魔。爲了防止這種不由自主的狂熱，還不如事先規畫此一時段，先儲一筆錢眞正出外去好好度過豪華、舒適的假期。只要在旅途中不要刷爆了信用卡或糊裡糊塗陷入了「異國艷遇」就好了。

木星推進本命火星的相位

合相（0度）：當木星合相火星時，有如在引擎（火星）上加了增速器（木星），使得火星躍躍欲動。這段時間常是個人活力充沛、精神抖擻、幹勁十足之時，很適合開始困難的新計畫，尤其較適合個人可以自主完成的工作。

因爲火星原本就獨斷性強，加上木星的刺激，更是不容易和他人合作，因此適合獨力完成創舉。

一般而言，木星合相火星時，行動的結果有利居多，除非火星相位特別不佳，則要小心不要過度勞累或太衝動，以免火星的負面力量增強。在傳統占星學中，木星與火星合相，常和婦女的生產有關，如火星相位不佳，則要小心生產的過程。

對相（180度）：木星對相火星時，當事人最要小心不可過度興奮、衝動、大意、任性。因爲火星的能量此時竄得很高，很像升得過高的火焰；如果不小心調整火苗，再火上加油，則會有失火之虞。

許多人在此時常陷入過度自信的處境，自以爲自己可以完成「所有的野心」，根本聽不進他人的勸告，一意孤行、膽大妄爲，因此反而讓自己跌入萬丈深淵。更由於當事人不欲他人阻擋，因此，這段時間常會和他人產生意志的摩擦，當事人會過份自以爲是，反而惹來了許多的對立，使得工作產生困難。

木星對相火星時，最要注意的就是保持冷靜、頭腦清醒，如果能做到這些，才有可能把充沛的精力用在完成工作，而非用在鬥爭、吵嘴、消耗、消費中。

和諧相（120度）：當木星和諧相火星時，當事人並不會像遇到合相、對相、衝突相時覺得那麼精力充沛、能量盎然。只是會覺得精力較好一些，行動力比較強，意志力也較集中。但是這種適中的能量，因爲進行得較順暢，反而有時使得當事人做事更順手。

在這段時間內，當事人不僅可以獨力完成某些計畫，也適合和別人通力合作，即使是和原本有爭議的人合作，木星的力量反而可以「化敵爲友」，因此這段時間也適合用來解決法律的糾紛。

此外，在傳統占星學中這段時間常被當成有利女性受孕，尤其對不容易懷孕的婦女而言，更可好好把握此時。

衝突相（90度）：當木星衝突相火星時，如果不小心應付，這段時間也有可能讓某些人變得很討人厭。因爲木星「誇大」了火星的自主力，使得當事人容易陷入自以爲聰明、重要、能幹，因此在言行上表現出不可一世、凌駕他人的態度而令人反感。有些人會在此時樹立不少敵人，尤其對某些羽翼未豐的人而言，這時，常會使人們低估他人的反對力量，輕易與他人對決，反而造成自己受傷害。

此外，某些人在此時因爲過度地自信，同此會在財務上特別大膽，老是以爲事情會如其所願，反而勞財傷民、悔不當初。另外，由於木星加強了肉體、身體的冒險欲望，這段時間要小心性的放縱以及任何危險的運動，以免發生意外。

木星推進本命木星的相位

合相（0度）：木星合相木星，在傳統占星學教科書中，是十分幸運的時候，尤其當本命木星的相位不錯時，木星再合相，常常是事業榮景、財運亨通、人生順遂、感情美滿等等事發生之時。

由於木星的週期為十一年至十二年，因此形成了近十二年的循環週期，很適合傳統占星學論大運時使用。但是，其實每一個木星週期時的運氣並非全然相似的，還必須參照天、海、冥三星的變遷才行。

總之，木星合相木星時，除非本命木星相位太差，否則這段時間可當成是「天賜恩澤」之時，就像俗話說「乞丐也會有三天好日子」，木星合相木星，會讓最不順遂的人都覺得生命不盡然是灰色絕望的。

對相（180度）：木星對相木星會讓當事人很樂觀、很自信，覺得烏雲已過，晴天將臨，好日子就在眼前，但其實未必正確。只是當事人戴了夢想的眼鏡在看周遭的環境，因此木星對相木星時，千萬不可過度自信，要小心一切聽起來越有希望的計畫、越會成功的投資、越沒問題的事情。千萬記著「莫非定律」——「越不可能出錯、越會出錯」。如果當事人在木星對相木星時，已經遇到了問題，最好儘速解決，不要拖，以免漏洞越來越大，也要小心不要在此時惹上了法律的麻煩。總之，「謹言慎行」的古老智慧，是安度木星對相木星的金玉良言。

和諧相（120度）：木星和諧相木星時，常會帶來一些好運道，但當事人並不會特別覺得好運近了。因此太懶惰的人（譬如守株待兔的農夫），往往會錯過了這個機緣，但凡事勤勞積極的人，有的時候就會捕到這個好運。像我的朋友即在木星和諧相木星時，通過自薦而得到了一份好工作。但假如沒有自薦的行動，好運也可能錯身而過。通常木星和諧相木星時，適合開展新局面，像換工作、找新伴侶、開始新計畫等等。當事人越能了解自己的理想與目標，就越可能實踐，混混沌沌的人則浮浮沉沉，好運也未必能完成什麼好事，只是讓日子好過些，眞是浪費了天賜的恩惠。

衝突相（90度）：這段時間最需要靠自律、節制、謹慎度過難關，越大意的人會摔得越重。我看過一些星圖，許多人都在此時因爲過度的自信及樂觀而惹禍上身。有位房屋仲介商，自以爲了解房地產情勢，買下了十多棟廉價的預售屋想轉手謀財，結果慘遭套牢，反而把多年的積蓄一起賠光了，也有人在此時大膽玩期貨、炒匯率而損失慘重。總之，木星衝突相木星時，越投機、風險越大，越短線的投資、計畫越不能做，只有小心保守，才能安然度過這個時期。

不過，對於能把願望從世俗轉向精神世界的人，則可在木星衝突相木星時，去做一些不可能的夢，不過可千萬別當眞，想把夢變成現實不成，反成災難。

木星推進本命土星的相位

合相（0度）：木星的力量是擴展、解套、自由，而土星的力量是限制、規範、禁律。兩者合相時，由於外在的力量來自木星，代表某些土星的陳規、律則勢必要受到木星解套的刺激。例如原本土星在二宮的人，會因木星合相土星而必須變得大方些（不管是自願或非自願）。原本土星五宮的人，木星合相使其比較敢表達感情。土星九宮的人，因木星合相而變得思想較開放等等。木星擴大了生活的可能性，有人在此時換工作、換居所、換伴侶等等，基本上木星合相土星，改變總是有利居多，因爲「舊的不去、新的不來」，此時土星通常代表已經老掉牙、新意不再的一些舊規矩，正好需要木星來除舊布新。

對相（180度）：木星對相土星，比起合相，可要不容易多了。因爲對相會產生兩個力量的相扯，每一方都想穩佔上風。通常是土星代表的舊規矩，還視自己爲有用、可靠、不可更改的典範，不容木星的新意來篡位，也更不習慣和木星打商量合作。

常常土星代表了自己習慣的人格、作風、用錢的態度、處理感情的方式、舊有的思想、職業、地位、伴侶等等，雖然陳舊不堪，或者已經變成了生活的重擔，但畢竟是熟悉的、固定的、可靠的。木星的對相卻代表了不可靠的、虛幻的、遙遠的期望與可能性，究竟土星青鳥要待在籠中，還是迎向自由但充滿風雨的藍天呢？

這眞是兩難之局。許多人在此時躑躅於舊與新、過去與未來、消逝與重現之間而無所適從。基本上，對於越留戀過去的人，或者是越滿意於過去的人，越不容易做出選擇。

和諧相（120度）：當木星和諧相土星時，木星的力量不會來勢洶洶，有如狂風暴雨，反而令土星承受不起。此時木星可以變得較有耐心、較和緩地慢慢和土星一起改變過去、建設未來。這個時候很適合同時進行需要兼顧細節與照應遠景的計畫，當事人會著力於把新意及舊觀念融合，同時顧及新作風與舊型態，讓新與舊不成爲衝突的敵人，而是合作的夥伴。由於木星與土星的和諧，需要很細心地相應，因此較適合個人去完成較靜態、穩定及個人能力所及的工作，以免因他人的干預或影響，而影響了木、土星微妙的平衡。這段時間越耐心、安靜、謹愼，越可以成就事業。

衝突相（90度）：木、土衝突時，生活需要不少的調整、適應與妥協，當事人在這段時間，常會覺得很焦慮。許多衝突的價值觀、作風、責任、倫理令人左右為難，不知如何是好。譬如說，如何取捨於新戀情與舊伴侶之間？如何在新工作與舊工作中做一選擇？如何守成及創新？太多的不確定、困惑、疑慮令人著急，此時別人的意見通常只會加重更多的困擾，因爲當事人並非一意孤行，而是太多心意不知如何取捨。此時最好能給自己一段冷靜的時間，不要逼自己貿然做決定，不要草率輕舉，讓自己越安定、越冷靜、越耐心越好，藉著木、土衝突的疑懼，人們有時反而發現自己生命中多元的可能性。多和自己對話，充份了解新與舊的可能性，等候這段時間過了，再做重大的決定。

木星推進本命天王星的相位

合相（0度）：木星合相天王星時，常會帶來意外的機會和驚醒，有人在此時中獎（八宮）或高升（十宮），有人在此時巧遇良人（七宮）或遇貴人（十二宮）等等。總之，只要天王星的相位不太壞，此時通常會有好運當頭之感。通常木星合相天王星時，都會有生活經驗擴大、資源增多、機會加強等等現象，目的都是為了讓人們能更多元地品嘗生命、經驗生活，此時也是擴大學習、廣博見聞（出國也不錯）、拓展人際交誼、多參加不同的團體，以及增加對文化、宗教、心靈事物理解的好機會。

對相（180度）：木星對相天王星時，將使人充滿了冒險、革命、顛覆、狂飆的熱心，當事人會想掙脫一切的束縛與責任，全力追求自己想要的事物。也許是某個人、某種生活方式、某種價值觀，木星對相天王星創造出極端的人格，敢於夢想最不可能的事，但如果沒有經過仔細地計畫與盤算，這些夢想家卻可能是那種集資要賣冰塊給愛斯基摩人的生意人，根本不考慮現實處境，而最後在破碎的夢想上跌得鼻青臉腫的人。也有人在木星對相天王星時，想完成的壯舉是解救他人、解救社會，譬如說幫助某人脫離家庭，或投身於社會革命、推翻封建制度等等。但如果木星只憑衝動行事，卻常常帶來更多的混亂而非建設。

和諧相（120度）：木星和諧相天王星，當事人常會有好事從天而降之感，但得來卻從不費功夫。可能是中獎、得獎、發明了新事物、發現了重要的科學理論等等，由於木星和諧相天王星的時機很短暫，往往需要當事人的靈機一動、順手而成才能逮到好運，因此平常越勤勞的人越有機會。譬如說每月專心在實驗室工作的人，也許就是此時有了重大的突破，寫作多年的人此時獲得大獎，尋寶多年的人終於發現藏寶所在。

總而言之，先前越努力的人，在木星和諧相天王星時的收穫也往往越大。

衝突相（90度）：木星衝突相天王星時，常常引發離奇、意外的挫折與干擾，彷彿「青天霹靂」一樣令人措手不及。由於木星代表社會的法律及利益，木星衝突相天王星，有時會反映在社會突然出了狀況，人們所信賴的秩序及利害關係不再有用了，一切都變成了混亂。

在這段脫序的時候，當事人一定要保持冷靜、鎮定，以不變應萬變，因為變化會不斷地變，根本無法掌控，順其自然，靜待這段時間過去反而較好。

木星推進本命海王星的相位

合相（0度）：當木星合相海王星時，個人的理想主義情操會受到強烈的激發，慈善精神、人道主義情操、哲學信仰、宗教熱情等都會在此時澎湃起來。有些人在此時加入某些宗教團體，有些人自己從事心靈修行之路，有些人悲天憫人從事社會、慈善工作，有些人發心收容流浪動物等等。

木星是一個利益之心（不管是精神的、物質的），但和海王星合相時，當事人嚮往的利益卻是無私的、付出的。通常木星合相海王星是相當美好的經驗，但有時要小心再美的玫瑰花下也可能有蟲，有些人就在木星合相海王星時輕易受騙，無私地付出，卻被他人或機構所玩弄。因此，理性、常識的判斷絕不能少。尤其是海王星相位不佳時，更要小心捲入奇怪的騙局中而自欺或爲人所欺。

對相（180度）：木星對相海王星時，最大的特徵就是當事人掌握現實的能力大幅降低、現實往往被虛幻的理想世界所取代，當事人可能沉浸在十分玄學、抽離、虛幻的精神世界中。通常在這段時間，最好不要處理任何實際、俗世之事，如：投資、做生意、買賣等等。因爲不實際的念頭與做法往往會使當事人很容易受騙，也有的人在此時捲入了某些看似理想但古怪的人際關係中，因此對於此時的人際來往也要特別小心。

總之，在木星對相海王星時，當事人要特別覺察「人生如夢」這句話，千萬不要把夢當成人生。

和諧相（120度）：在木星和諧相海王星時，當事人很容易受到心靈、精神、宗教、玄學等等奧祕事物的吸引，這是一段學習玄學、形上學，接近靈修、宗教活動的好機緣，當事人的慧眼會較容易打開，也較容易接收宇宙較高層次的精神頻率。

有的時候，有人會在此時碰到重要的精神導師，指引人生明路，有人則可能在此時提供他人生命的智慧，木星和諧相海王星強調的是利益的分享，因此人們在此時投身社會工作、慈善工作也很合適。由於木星和諧相海王星的利益以出世的價值居多，因此並不適合過份功利的考慮，如果在此時仍然考慮功利，有時反而得不償失。

衝突相（90度）：木星衝突相海王星時，當事人會特別覺得現實與理想的差距很大，當事人往往會必須爲理想（海王星）而付出現實的利益（木星）。但如果這種付出是出於自覺，倒也無所謂，人生的得失本來就不是全然用世俗價值可以衡量的。但如果當事人不明瞭木星衝突相海王星的力量，則可能在不自覺的狀況下，因幻想（海王星）而喪失現實的利益，例如識人不清、做生意不當、投資不察等等，這種喪失就較不必要了。

有時，木星衝突相海王星時，會使人活在虛幻的精神世界中，有些人在此時輕易相信他人是救世主彌賽亞，有人在此時扮演別人的救世主，但卻無法傳遞出眞正救贖的訊息。

木星推進本命冥王星的相位

合相（0度）：木星合相冥王星時，常常激起一個人世俗成就的渴望，希望能站上事業的頂端，享受名利、權力的獲得。同時，木星合相冥王星時，當事人往往會非常努力工作，因此成功往往來得比較像「掙來的」，而不是木星合相天王星時像「天上掉下來的」。

由於木星渴望利益，而冥王星的獨佔性又很強，因此木星合相冥王星的成功常伴隨著權力的鬥爭，彷彿原野上獵得獵物的野獸，深怕別的野獸來分一杯羹，木星合相冥王星的人也會顯現很大的排他性。因此，從靈性成長的觀點而言，有時木星合相冥王星時，反而是人類失去崇高的人性價值之時。

對相（180度）：木星對相冥王星時，有可能是當事人多年的努力，終於獲得回饋之時，也有可能是一場空之時。基本上，在邁向木星對相冥王星的路上，如果當事人越能不獨佔利益，越懂得分享人類資源，則成功反而來得較容易，若當事人越自私，則木星對相冥王星的力量將導致許多困難的處境。

此外，由於木星也象徵了一個人對價值、正義的看法。當木星對相冥王星時，當事人要小心自己變成說教狂或狂信者，喜歡強加自己的信念在他人身上，形成了專制的傳道人。

因此，當事人若越能拋開自我對權力、地位、名利的執著，反而較能客觀而開放地與他人溝通人生之道。

和諧相（120度）：木星和諧相冥王星時，有時是社會對一個人「黃袍加身」之時，即使小孩並未主動追求權勢與影響力，但社會卻期待當事人對社會發生正面的影響力。通常木星和諧相冥王星，適合發揮公衆的利益，而非私人的利益，因此當事人越能擺脫個人的私心、私欲，越能有效地改革、重建、影響社會，當事人的成長將反映在他人的成長與社會的成長之中，即使個人在此時獲得了權力、成就、金錢，卻是附加的價值。

衝突相（90度）：木星衝突相冥王星時，激起當事人強烈追求成功的渴望，同時也激起強烈的反對力量。在此時，當事人所從事的工作常常和改革有關，可能是改革某個公司、組織、機構。當事人通常會覺得自己站在對的一方，但卻不明瞭爲什麼個人立志爲善卻激起如此強大的反對聲浪與勢力。有時，當事人必須拋棄自己對「正確」的執著，懂得接納不同的意見與聲音，反而能使工作更順暢。

此外，木星衝突相冥王星時，也要小心不要觸犯到他人對「正確」行事的標準，而社會集體共認的標準即「法律」，因此在傳統占星學教科書中，木星衝突相冥王星時，都會警告當事人不要觸犯法律規範，以免惹禍上身。

PART 3

外行星推進相位演出生命歷程的情節

10 土星
相位的保護和桎梏

土星和冥王星合相，在奧祕的占星學中，常視此相位為宇宙果報顯像之時，而果報是善是惡，則端視本命星圖中的土星和冥王星的相位而定。總之，土星、冥王星合相時，都會帶出一股強大的命運力量，讓當事人覺得命運不可違抗，只有順從天意。

土星推進本命太陽的相位

合相（0度）：土星合相太陽時，如果太陽的相位不錯，可能是個人有成之時，如果太陽相位多剋，也可能是遭逢重大困難之時，但亦有可能是以上兩者的綜合，端看太陽相位的變化。

總而言之，土星一定會帶來較多的責任、重擔、限制，因此有人反映在事業上的新職位，但「能者多勞」，工作更會辛苦。也有可能是工作的挑戰太重，令人負荷不了，使人有失敗之感。也有可能反映在家庭生活中責任加重，例如爲人子女或爲人父母的重擔；也有可能是個人的健康情況成爲重擔等等。基本上，土星合相太陽時，逼迫著人們面對自我的意志、活力、精神的眞實狀況，而種種挑戰，可能使人在歷經辛苦後，覺得自己更堅強而更信賴自己，但也有可能受不了生命的沉重而悲歎。

對相（180度）：土星對相太陽之時，常是一個人覺得活力低落，精神不濟之時。這個低潮點來自每二十九半年的循環的中點，因此當事人最好要提早有此心理準備，千萬不要在此時逞強，反而會使身體更不能負荷，而有礙健康。

在土星對相太陽時，有人會遭逢疾病的侵襲，迫使他必須休息以恢復元氣，但有人並不生病，只是會無端的疲倦、怠惰、低潮。此時不宜開始任何需要大量力氣投注的新計畫或工作，在舊工作上也不宜給自己太多野心。這段時間不是完成雄心壯志之時，最好是反省、退後一步、思索將來。

有些人在此時會覺得自己突然老了，有些人覺得自己的未來很渺茫，舊工作、舊婚姻、舊人際關係都像是綁手綁脚的牢網，令人厭煩、覺得失去活力。這些都是土星對相太陽的正常情況，最好耐心度過，不要怕此時的挫折和阻礙。許多事（工作、婚姻、健康、心情）似乎都跌落谷底了，但這也是一個從谷底上升的新開始，重要的是要在此時耐心地打下地基，在未來的十四年後土星合相太陽時，也許就是收成之時。

和諧相（120度）：土星和諧相太陽之時，常是「想怎麼收穫、就該怎麼栽」或「種豆得豆」、「有耕耘必有收穫」之時。有時，這是當事人（如果還年輕）鍛鍊自己的體力、耐力、精力的絕佳時光，並且要好好充實學識、知識、人格、經驗，以待未來的開花結果。有的時候，這已經是當事人萬事齊備可以一展身手之時，土星和諧相太陽，帶來的雖然不是木星般的好運，讓萬事順利，卻是更堅固耐久有用的經驗與智慧，讓當事人懂得怎麼把事情做好。由於土星的歷練需要時間的萃取，因此在一般人年紀較輕時，土星和諧相期以準備、訓練爲主。但有的音樂家、運動員在五、六歲時即開始接受訓練，因此在十來年左右時即可遇到土星和諧相太陽而大展身手。但是如果接受訓練得太晚，或少年、青年、中年卻不努力，那麼也會浪費掉許多重要的和諧期，只好「老大徒傷悲了」。

衝突相（90度）：土星衝突相太陽時，是當事人的意志、精力、活力、人格、自我最受挑戰之時。當事人很容易覺得生活中充滿了內在、外在的困難，內在的困難常是精力不夠、自信不足，而外在的困難，有時會表現在與上司、父母、各種權威的衝突之中。通常當事人在此時最多只能盡力維護自己的權益，但不要想打倒權威，如果盲目地反抗，吃虧的還是自己。因此，在這段充滿困難、艱苦的時候，最好的因應態度就是要堅忍不拔，耐心苦熬，就把這段時期當成考驗、試煉、接受挑戰，不要把一時的挫折看成眞正的失敗，要成鋼的鐵本來就必須經過種種火煉鐵捶，土星的世俗成功原本就是血淚、汗水組成的紀念碑。

土星推進本命月亮的相位

合相（0度）：土星合相月亮時，有時會有些外在事件造成當事人情緒的抑鬱、低落。在女性星圖上，土星合相月亮時，有時是當事人正經歷情感的失落，因此特別孤單、沮喪；有時是當事人的母親正經過某些困難，也連帶使當事人受苦。總之，代表關愛、溫暖、女性情感的月亮遭到土星的抑制，自然使當事人變得特別脆弱。

如果在男性星圖上，土星合相月亮，則可能代表當事人正和某位女性（女朋友、妻子、姊妹、母親）有著困難的關係，而使得當事人的情緒深受影響。

有人在此時，會變得退縮，特別不想和他人有情緒上的交流，而短暫的但自覺的靜默、內省、隱退確實有利於此一時期的療癒，但若是不自覺又不自願地落入孤立、孤僻、孤絕的處境，反而會使當事人的問題更嚴重，更走不出月亮黑洞的陰霾。此外，由於月亮也象徵一個人的資源、財富，在某些情況中，有些人在土星合相月亮時破財，而破財的原因也常是某位女性造成的或和某位女性有關。

對相（180度）：土星對相月亮，可能是最讓人情緒低落、不安、沮喪、困擾的時期了。當事人所經歷的問題，有可能是和某位女性有關（女友、妻子、母親），也有可能是房子家庭的問題，也有可能是工作的困難所引發的自我認同危機。總之，土星對相月亮時，總有些事發生，讓人覺得不足、自卑、無援、孤立、絕望；情感的生命像突然來到了冬天，草木不生，大地了無生氣。土星就是這樣的冬天，而月亮像雪地中的白兔，無處可藏身、可覓食。

由於土星是宿命之星，通常土星對相月亮時，當事人常常會覺得根本無力抵抗命運的擺佈，一切事情都像是衝著他而發生的，當事人根本沒做錯什麼，但就是躲不了。

和諧相（120度）：土星和諧相月亮時，帶來的不是木星似的快樂、愉悅，而是清醒、冷靜、成熟的感覺。當事人在此時可能會受惠於某位較成熟而有智慧的「女性」的幫助（這位女性也有可能是男生，但提供的是具有女性特質的情感與照顧）。當事人在此時對金錢的處理也會較理性，也適合自己做買賣房地產、整修房屋等等的工作。當事人會覺得自己的情緒穩健、不衝動，可以耐心、有計畫地處理個人事務。

衝突相（90度）：土星衝突相月亮時，當事人可能遭逢和某些女性之間的困難（如妻子、女友、姊妹、母親等等），或者身邊的女性遭遇困難需要協助，也連帶讓當事人情緒不好過。有的時候也可能是當事人的個人關係（尤其是情感、家庭關係）陷入危機，而危機的發生常常會因爲過度追求世俗的活動（土星），如事業、工作、社會活動，以致忽略了情感的內在世界，導致情感的貧乏與孤單。

在這段時間內，當事人一定要特別小心平衡土星與月亮的衝突需要，盡量讓兩者都不致太受忽略，所謂「家庭與事業難兩全」，就是土星與月亮衝突的基本寫照。

土星推進本命水星的相位

合相（0度）：當土星合相水星時，通常是種樹而不是造林之時，當事人在此時適合執行一些注意細節、實際、微小的工作，但不適合執行需要前瞻性、想像力、創意的思考。但如果工作上需要的思考只要用到耐心的、安步當車的、例行公事的、蕭規曹隨的方式即可完成，那麼土星合相水星的力量就很適合，因爲此時水星不會太愛改變主意，也不會太機動、太靈巧、太新奇。土星猶如套在孫悟空（水星）上的金箍，讓孫悟空一心只能隨著唐三藏去西天取經。（對孫悟空而言，做個伴隨保鑣是多麼無聊的工作啊！）因此，土星合相水星時，可完成根據詳細計畫或上級命令完成的工作，但不適合個人創意的發揮，同時由於土星的頑固及權威，當事人在此時，可能必須忍受他人呆板的規範，但也要小心不要讓自己變成了「蛋頭」，免得腦筋硬得跟混凝土一樣而無法和他人溝通。

對相（180度）：當土星對相水星時，除非水星相位特別良好，否則當事人經常會遇到一些和計畫、溝通有關的困難，而最主要的困難即和他人理念的不合，以致無法照計畫完成事情，或因溝通有誤、不良、失效而阻止了事情的推動等等。

土星對相水星時，當事人經常要挺身而出，爲自己的看法、想法、思想、理念辯護，而外界的反對意見也經常來勢洶洶，導致當事人自我懷疑及信心喪失。因此，當事人要不然就撤退到自己的思想象牙塔中，不再尋求理念的支持，要不就必須更加強準備，讓自己的思想、理念基礎更堅固，好和他人爭辯時能站在更堅定的立場上。土星對相水星時，並不適合輕薄短小的思想習慣，而是要用嚴肅、認眞、詳細、周全的思想去說服他人，但同時也要小心不要因此而陷進太固執、太偏狹的思想水泥之中。尤其水星本身在土相星座的人，更要小心土星的對相、合相帶來的堅固力量。

和諧相（120度）：土星和諧相水星時，適合完成需要紀律、注意細節、符合學術方法、講求結構的計畫。當事人的思想、理念、溝通的方式在此時會十分周全、有效率、穩定、可靠，因此十分適合寫論文報告、工作報告、公司計畫書、財務報表等等的工作，但不適合寫詩、寫小說、寫創意廣告等等作品。同時，因爲土星的思前想後、謹愼疑慮，此時也是適合擴展商業與建立組織的時候，因爲當事人在此時決定要做的事，一定不會是一時盲目，絕對是盤算清楚的計策。

衝突相（90度）：當土星衝突相水星時，當事人可能陷入很焦慮的觀念漩渦中而無所適從。當事人被太多衝突的想法拉扯，譬如「該做某事，不該做某事」，「該去那兒，不該去那兒」、「可以或不可以」、「要或不要」，全然陷進哈姆雷特的兩難之中。

有的時候，這些衝突表現於和他人的關係之中，某些權威（上司、伴侶、父母、公權力等等）都代表阻礙、拉扯當事人無法做決定的外在力量，當事人常常覺得不管選擇什麼樣的路，卻總是碰到死巷。有的時候，當事人可能會採取退縮的方式，而根本不與外界溝通了。在這種思想的迷宮時期，當事人最好不要做任何實際的計畫，因爲計畫一定不會照計畫而行，這時反而適合靜待時間的考驗，讓事物浮現眞正的面貌。

土星推進本命金星的相位

合相（0度）：在傳統占星學教科書中，土星合相金星時，是和情感分離最有關係的相位。而通常彼此（男女、夫婦或同志）的結合越是奠定在以愛情爲基礎的伴侶，越躲不過這關的考驗，彷佛愛情就眞的已經走完了全程，來到了盡頭，無法起死回生，當事人只好讓情感結束。但是，土星是不會那麼甘於罷手的，因此土星合相金星時，雙方的分離勢必拉拉扯扯、反反覆覆，有時再碰上土星正在逆行時，有時要分手三次，才眞正分得了手，剛好符合逆行三次的現象（所謂事不過三）。而因爲土星合相金星而結束的感情，常常不是因爲外遇、第三者或個性不合等等，只是彼此像是世俗緣份已盡，怎麼也不能一起走下去了，所謂雙方「緣盡情了」最符合這種土星合相金星的現象。

而奇怪的是，當土星合相金星時，有時在舊的戀情才結束，卻會馬上接著來一個新的關係，而通常新的關係絕不是偶合，而會維持很久，就像生命到此，命運注定像錄音一樣，重新錄上一段新的戀曲。

對相（180度）：土星對相金星時，並非像合相時的「緣盡情了」，而是「情老緣淡」之時。通常感情就像有機體一樣，有自己的生命週期，會發芽、開花、結果、凋謝、死亡、重生等等。因此，當感情衰老逐漸凋落時，當事人自然會覺得情感的生命力枯萎了，聯繫彼此的活力也喪失了。這時，如果彼此的情感關係像插在花瓶中的鮮花一樣，那麼想丟掉舊花，換上一盆含苞待放的鮮花的衝動自然很大，而且不少人也非常可能就這麼做了。如果彼此的關係像養在盆中的盆花，由於照顧不周或自然的運轉，有的花謝落了，但好像還有的花苞可開花，是否要換盆景，則取決於盆景本身的狀況，看是否可以救活盆花，如果救得活，也許就不會想換盆景了。

當土星對相金星時，常常是人們檢視自己情感關係的良機，看看是否需要換水、剪枝、施肥等。當事人在此時並不宜開始新的關係，因爲新來的關係常常會比舊的更令人煩惱，但也有人此時就如同被命運魔法施咒的人一般，捲入了一個非常困難的情感關係中，使得當事人彷彿像一個和情感關在一起的囚犯，難以掙脫情慾的囚籠。

和諧相（120度）：當土星和諧相金星時，並非兩情繾綣、你儂我儂之時，而是情感生活日趨穩定，雙方十分和諧，也許不是激情昂揚，卻是溫情處處。能到達土星和諧相金星的舊關係（情侶、婚姻），通常都是經過了不少時間與事件的考驗，自有其成熟、智慧的百般滋味在心頭。而在此時開始的新關係，當事人所追求的也不會是短暫的激情狂戀，而是成熟穩重的情感關係。

由於內在情感生活的穩定，有時土星和諧相金星時，也代表當事人在事業、生意、工作上的人際關係也十分穩定溫暖，因爲當事人心中有溫情，也比較容易給他人溫情，而不會像處於狂風暴雨或冰天雪地的情感世界中的人，根本無法建立詳和的人際互動關係。

衝突相（90度）：當土星衝突相金星時，常常是當事人經歷感情低潮的時候，有時即使是不錯的情侶、婚姻關係，在遇上土星衝突相金星時，也會變得索然無味，因爲渴望新鮮、多樣性的金星（愛情）原欲，實在無法也不想接受土星的專制獨斷（如一夫一妻制)。但此時,金星並非已準備好了要離開,或者覺得情感已油盡燈枯,金星只是累了、倦了、膩了,想暫時脫離土星的管制,藉著外在的新戀情來恢復對情感的想像力和熱情。然而在土星衝突相金星時,土星的力量是很大的,譬如說道德的束縛、家庭的牽絆、婚姻的鎖鍊、自我的禁忌等等,都很少讓金星如願,因此當事人雖然住在感情的墳墓中,卻很少人眞正能出墳墓去尋找生命的另一個春天,因此想要度過土星衝突相金星的伴侶,在此時一定要多做一些讓感情死灰復燃的努力才行。

土星推進本命火星的相位

合相(0度):土星合相火星時,當事人會有行動受到阻撓、精力無處可發、意志被壓縮、欲望被阻礙的感覺,這種寸步難行之感,就像一個開車處處遇紅燈的駕駛,心中累積了大筆的怨氣。尤其對火星在火象星星的人而言,碰上土星會覺得更受束縛。不過,如果當事人當時正在進行需要步調很慢、慢工出細活的工作,則土星合相火星,有時反而讓當事人更能儲存精力,不會散漫地揮發掉,而是很有紀律地去點點滴滴完成特別艱鉅的工作。但是很少人能在土星合相火星時如此有效地利用火星的能量,大部份的人在此時卻會受到一種「內在的蠢動」的干擾,好像靜不下來的跳蚤一樣,老想去惹人，因此土星合相火星時，要小心和他人捲人嚴重的意志摩擦，也要小心不要讓自己做冒險的運動。在傳統占星學教科書中，土星合相火星常和摔斷骨頭扯在一塊，如果火星在六宮，則要特別小心關節炎及風濕病。

對相（180**度**）：當土星對相火星時，常常是一個人精力最疲倦、活力最受考驗之時，當事人會覺得生命力很低落、抑鬱，我看過一些星圖，有些人在此時都描述自己彷彿得了精神抑鬱症，做什麼都提不起勁，一天睡十幾個小時。有些人在此時用大吃大喝來發洩僅有的精力而導致發胖，有些人在此時成日呆坐玩電玩、打彈珠、看閒書（不動腦筋的）打發日子。而許多從事創作工作的人，在土星對相火星時，最能感受到什麼是創作瓶頸。當事人會覺得自己江郎才盡，根本創作不出東西了，而變得十分沮喪、陰鬱。

有時，這種對生命力絕望的感覺，會導致某些人在土星對相火星時湧起自殺的念頭。但是土星對相火星其實只有一段短暫期（最長不過數個月），爲此而走上人生絕路，當然很不值得，因此提早預防，或對自己的心靈地圖能事先知悉的人（如研讀占星學），也許能讓當事人不那麼鑽牛角尖，至少知道事情都會過去的，土星當然不會永遠對相火星。

此外，土星對相火星時，當事人生命力的低落，常常跟自我找不到出路有關。有時是剛經歷某些事業、金錢、情感的挫敗使當事人覺得無力動彈，有時是當事人受限於環境的制約或他人（上司、父母、伴侶）的干預而使自我表達的途徑被封死了。在這段時候，當事人越著急，反而越容易鬱悶，有時不妨帶著人生休假的念頭，用隱退、沒有計畫、沒野心的方式度過此時，多看一些有啓示性的書，多聽一些能陶冶身心的音樂。同時，在土星對相火星時，年紀大的人要特別小心血壓和關節的毛病。

和諧相（120度）：當土星和諧相火星時，當事人的精力活力通常會導向世俗的成就，如事業的進展、工作的推動等等，當事人此時十分實際，知道工作上需要達成什麼目標，也適合完成較行政性、領導性、例行的、細節繁複的工作。當事人的耐心與努力，會使他們很容易完成艱鉅的工作。同時，當事人做事的方式和脾氣在此時也是在良好的控制之下，因此不會和他人發生嚴重的衝突，十分適合在此時擔任領導工作。

衝突相（90度）：當土星和火星形成衝突相時，常常是當事人陷入和他人嚴重意志衝突的時候，有時不僅是口角糾紛，還會演變成武打場面，因此本性就較衝動、火爆的人而言，要特別小心在這個時候控制自己的脾氣。

有些人在土星衝突相火星時是別人壞脾氣的受害者，有些人則動輒把別人當成出氣筒，有些人有氣沒處發，只會對自己生悶氣，這些情況都不利於健康。常發脾氣的人要小心血壓、心臟的毛病，自己生悶氣的人則要小心胃潰瘍及循環系統的疾病。其實，當土星衝突相火星時，當事人不妨抱著「退一步、海闊天空」、「忍讓一時、峰迴路轉」，因爲火星是一個人的自主性，土星一與其衝突，則代表當事人越想自主、越逞強，越會覺得受欺壓。在這種關頭，其實反抗也贏不了，不如低頭一下，難關就過了，而且「君子報仇，三年不晚」，眞想與他人對立，不如趁自己情勢有利時，更高的境界則是永遠「我不犯人、人不犯我」，根本不想與他人對立。

土星推進本命木星的相位

合相（0度）：當推運的土星合相木星時，由於土星是外來的力量，因此要特別留意土星推運時所在的宮位的影響，這點剛好和木星合相土星時相反。同時，土星合相木星，通常是外在的處境限制（土星）了本命木星的發揮。因此當事人如果能夠跟隨土星的力量，謹愼、小心地評估木星的資源，造成的傷害還可能比大膽放任的木星合相土星要小。

總之，土星合相木星時，當事人勢必要過著比較儉約的生活方式，有時是整體社會經濟的狀況（如大蕭條），不容當事人揮霍。有時是個人的財務調度出現吃緊的情況，有時也可能是個人變得較謹慎、保守。

同時，土星合相木星時，當事人也可能過著比較退縮的生活，通常是爲了某些責任（如工作）的完成，有人在此時會面臨自我封閉的狀態，如果原本就有靈學或宗教的信仰，土星合相木星，倒不失是修行的好時光。

對相（180度）：當土星對相木星時，當事人會覺得成長、擴張的機會被狠狠地壓抑住了。許多情勢逆轉，尤其對在此階段之前曾大肆擴張（如：大量投資、擴張生意規模等等），此時出現的低潮、回檔、緊縮會叫人大吃一驚，尤其對擴張信用過度的人而言，這時千萬要小心周轉不靈的問題。

土星對相木星時，常常反映在財務的困難上，由於土星的週期加上逆行，來來去去可能一、兩年，因此預先做好準備的人，自然比較可以度過財務的難關，由於此時不利擴張，因此任何新生意、新計畫都不宜在此時開動，這時最好要保守穩健，少輸就是贏。

除了財務之外，也有不少人在此時經驗到工作的困難，譬如想完成的案子得不到支持、個人的自主空間性遭受限制等等。對於創作的人而言，這段時期也是心血不易推廣之時，因此當事人最好要有長期抗戰的準備，多做一些需要長期努力、較辛苦、回收期也較長的工作，等到土星對相木星的相位已過，如果已紮下的基石穩固了，反而有可能蓋起巨廈。

和諧相（120度）：當土星和諧相木星時，當事人會覺得自己的生活、財務狀況、工作的情況，都似乎在穩定、和諧的進展之中，當事人也較能合理、有效地規劃生活的藍圖。由於這段時間生活的問題較少，因此有時一般人也就自然地按照日常生活的規律在走，反正所有的事物好像都按照著有次序的步伐互相配合，許多問題都彷彿自然解決。其實是因爲當事人此時的心境，也是處於很實際、穩定、有條理、耐心的狀況下，所謂境由心生，有時就自然以爲是外在的順利帶來內在的安定。

在此一時期，當事人由於不太煩惱外事，因此也不會太主動地規劃未來，這點很可惜，如果當事人可以利用此一時期，做好財務、工作、生活、學習的計畫及安排，常常在幾年之後，會有很不錯的回收。

衝突相（90度）：當土星衝突相木星時，生活常常像鰻魚一般滑手，讓人抓不住生活的規律。財務是越管越糟、工作是焦頭爛額、事業則到處碰壁，各種不順，令人不知到底生活出了什麼問題。基本上，土星的週期就像下雨一樣，根本無法躲的，當事人最好的應對措施就是要早在雨季前修好會漏的屋子或多買幾把雨傘擋雨，並且早點把農產收成，準備過日子。否則雨季一來，什麼都泡湯，再蠢再笨的農人也不會在大雨傾盆後才收成……。這些古老的生活跟隨自然節氣的循環，其實也就是星辰運行人間的道理，既然土星衝突相木星，絕不可違抗自然，多休養生息，才是應變良策。

土星推進本命土星的相位

合相（0度）：土星合相土星，是生命歷程中相當重要的一個轉捩點，由於土星的週期約二十九年半左右，因此一般人遭逢土星第一次循環回本命土星的時間即二十九歲多，第二次是五十八、九歲時。

土星合相土星，通常會讓人們面臨心理及生理的老化與成熟的感覺，在第一次土星循環時的二十九歲，常是人們意識到自己眞正「長大成人」了，開始感受到人生的責任與重擔。

大多數人在土星第一次合相時，會感受到很強的悲觀及陰鬱，覺得過去的生命建樹不多，有些人在此時努力爲自己尋找新生命，佛陀悟道、基督傳道都是始於他們的第一次土星合相。因此善用土星合相，則可化悲觀爲力量。但有些人在土星第一次合相時，卻混混沌沌過，只想用吃喝玩樂來打發愁悶，使得土星合相產生的人生困惑，並未促使當事人尋找生命之路，而這樣的人，往往會在土星第二次合相時，感受更大的失落。

對相（180度）：土星對相土星時，常伴隨著事業、工作、人際關係上責任的加重，有人在此時升官，但新的職位卻往往帶來許多對立的權力關係，有人會因責任的加劇而被迫與不少人發生衝突，有些人在工作中遭逢不少外在的阻力。

土星對相土星時，通常在心理上不是很愉快的時候，當事人會覺得很難在此時盡情享受人生，生活中充斥著各種應付不完的責任與限制，但讓當事人忍受這一切的原因，則通常是因土星對相土星常伴隨著世俗的成功。在別人的眼中，土星對相土星的人總有忙不完的事，是貴人多事、能者多勞的典型，而事多勞多也代表權力較大；至於權力鬥爭、衝突的辛酸、煩惱、傷神、疲憊，別人哪看得到？於是土星對相土星成爲人們合理化地用工作、責任來自我剝削的時期了。

和諧相（120度）：土星和諧相土星時，是適合建造人生地基，但不是蓋高樓大廈的時期。當事人在此時做好心中藍圖，開始爲未來的遠景而努力，此時地基蓋得越堅固、廣大，未來的成就也越大，但千萬不要妄想目前的努力就馬上會有回饋，此時並不是風華茂盛、人生得意之時。通常土星和諧相土星時，當事人雖然會覺得有所責任，但卻不會覺得責任突然加重或責任太重，雖然有事、有目標想達成，但也並不心急，這時是相當平靜、穩重的時候，當事人可以遠瞻未來，心中充滿有條理的計畫，不疾不緩地向未來邁進。

衝突相（90度）：土星衝突相土星時，常引發當事人心理認同的危機，當事人在此時常會不知所措，覺得許多事情都來到了十字路口，不管是工作、職業、人際關係、人生方向突然都讓人茫然失措起來，許多過去相信的價值，如今不再讓人可以依賴，名利、權力、責任仍有其吸引力，但也同時令人生厭。有些人在土星衝突相土星時面臨嚴重的自我衝突，會突然不想上班、打拚、養家活口，覺得種種的責任綁得個人呼吸不了，有些人則面臨和上司、同事、伴侶、家人強烈的衝突，對別人的期望與命令更難以忍受。在這段時間，當事人最重要的工作就是要學習自我調整、自我重建，把土星的外在責任（職業、工作、家庭等等），轉化成個人對自己內在生命的責任。只有能夠接受內在生命責任的人，才是眞正的土星強者。

土星推進本命天王星的相位

合相（0度）：土星合相天王星時，保守的力量和創新的力量交會，由於土星是外來的力量，合相到本命的天王星，通常代表本命想要改變、顚覆的力量，雖受土星合相而激動，但也因土星合相而受到壓制。譬如說一個人本命天王星在五宮，本來代表當事人對情感有很不尋常的態度，基本上是喜歡違逆倫常的，但當土星合相時，當事人會比平常更強烈地感受到自身的蠢動不安，但同時也更意識到社會建制的壓抑的力量，有時，土星的力量可能代表官方、他人的、社會的權威，直接挑戰本命的天王星。這個推運狀況，和天王星推進土星時的情況恰好相反，必須明辨。

對相（180度）：土星對相天王星時，新舊力量勢均力敵，你爭我奪，通常兩方都會變得更極端，土星變得更保守，天王星變得更急進，不同於土星、天王星合相時雙方的你進一步我退一步，而是彼此站得更遠，看看誰先認輸。因此土星、天王星對相時，如果處理不當，常會惹出較大的問題，譬如和上司對立，一氣辭職，但馬上衣食出問題；夫妻堅持要離婚，卻無法把撫養權、財產劃分的問題處理好；明明省吃儉用存些錢，卻因放利而突然被倒帳等等。土星對相天王星時，絕不可衝動，要養成能同時觀照兩種觀點的習慣，相信「中庸之道」是最好的選擇。

和諧相（120度）：土星和諧相天王星，是改善自己、改善社會最好的方式，土星接受天王星的見解，而又能照顧現實的秩序，循序改變，天王星則尊重土星的閱世經驗，只做軍師，不做急先鋒。

在土星和諧相天王星期間，當事人最適合擬定改革計畫，不管是改革組織、公司、家庭或自我生涯，當事人一方面可以脫離沈痾，一方面又可以配合環境，讓改革慢慢地、有效地進行，而不是亂搞一場卻總是原地踏步或越搞越糟。

衝突相（90度）：土星衝突相天王星，就像保守派和急進派永不合作一樣，雙方總是堅持對方是錯的，一個想維持一切、一個想推翻一切。當事人在土星衝突相天王星時，最常遇到這種自己給自己出難題，一下子想什麼都不管了，一下子又想一切保持原樣。例如有人受制於苦悶的婚姻，又不願花心思改善雙方的關係，有時想著一走了之，有時又是原封不動繼續混老樣……生活就像不斷兜圈子的驢子，永遠走不出迷陣。而這種心理的衝突，常常導致許多人在此時的神經緊張，有些嚴重的狀況還會演變成精神官能症。

土星推進本命海王星的相位

合相（0度）：土星代表了現實、實際、秩序的力量，而海王星代表了夢想、虛幻、朦朧的質素，兩者相遇，常常是彼此都不明白對方，因此變得雙方都一頭霧水。土星覺得抓不住現實，海王星則覺得更混亂。土星與海王星的合相，對大部份人而言，都是一段內心很迷惘、失落、不知如何是好的時候，尤其有些人在此時會遭遇一些現實的失敗，如事業不順、失意慘敗、健康不佳、婚姻出問題等等，更會加深了當事人的不知所措。

土星合相海王星，是宇宙力量中十分獨特的設計，基本上就是要當事人追求靈性的覺悟，有時外在的不順只是一種宇宙的設計，讓當事人不致沉迷於現實的成功或歡愉，並可從生命之苦而悟出覺悟之喜。對本來就比較進化的人，或者本身追求的就是藝術及精神境界的人，土星合相海王星時，卻是對修行、創作很有幫助之時，因爲當事人會比較自然地安靜下來，懂得把現實視爲夢幻，也懂得把夢幻創造成現實。

對相（180度）：土星對相海王星時，當事人常陷身於嚴重地自我批評及貶抑，因爲當事人會發現他的夢想根本敵不過現實的考驗，而現實又根本不是他所願意接受的事實。譬如說有人在此時，不得不對自己承認，原來他一直愛的人根本不是他以爲那樣的人，他活在自己的愛情幻影中卻不願意醒過來。也有人在此時發現自己多年來從事的工作，根本不像自己夢想的那樣，他根本沒有成功的希望，他根本是走錯行了。那麼，他是否願意接受現實，重新開始呢？

當土星對相海王星時，現實往往對夢想給予很大的威脅，當事人發現自己的作品賣不出去，工作不獲賞識、愛人不回報愛、好朋友原來一直欺騙自己……種種殘酷的現實，讓人心灰意冷。因此在土星對相海王星時，當事人要有心理準備，不要對外界有太大的期望，生活最好越簡單越好，尤其如果能減少和外界的互動，讓自己多沉澱、多避靜越佳。土星對相海王星，不是擁抱社會之時，而是暫時自社會適度隱退之時。

和諧相（120度）：對於宗教家、藝術家而言，土星和諧相海王星時，是一段非常好的宗教修行、藝術創造的時候，當事人此時能夠很充份地領悟「空」，也能領悟「非空」，既能天人合一，也能出神入化。對於一般人而言，在此時期是研讀宗教經典、靈學書籍、藝術作品的時候，也是冥想、打坐、靜修、創作的好機緣。由於土星和諧相海王星的力量，只有內心安靜的人才感受到，這時宇宙智慧將比較容易種在內心福田中，因此當事人必須先懂得空出自己的心，才能迎此天籟。

衝突相（90度）：當土星與海王星成衝突相時，常常是讓他人困惑或讓當事人困擾的轉捩點，在我看過的星圖中，有些例子很能說明土星衝突相海王星的狀況。譬如說某位事業成功、收入不少的影星，突然在此時宣告退隱，也並非要嫁人，只是對外說不想日復一日地演戲了。某位成功的企業家，突然結束了公司，出國遊學去了，也不是爲了求學位，只是想改變生活方式，這些舉動都是讓旁人不解之事，當事人心裡卻清楚得很。因爲他們多年從事的工作，雖然都帶來了成功，但卻未曾帶來快樂，而他們發現了只有追求夢想，才能帶來眞正的快樂。這兩個例子還是幸運的，一般狀況下，當事人未必已經這麼了然於心，知道下一步該怎麼走？土星衝突相海王星時，大部份的當事人常常是困惑不已，對於眼前的現實早已厭煩不堪，卻不知道未來的夢是什麼，當事人有時會陷入過度的悲觀、沮喪、不滿之中，常常成天的抱怨，卻無法改變現狀。這種苦悶，有時會使某些慢性病在此時開始纏身，因此當事人最好不要過份被動，要懂得主動創造命運。

土星推進本命冥王星的相位

合相（0度）：土星和冥王星合相，在奧祕占星學中，常視此相位爲宇宙果報顯像之時，而果報是善是惡，則端視本命星圖中的土星和冥王星的相位而定。總之，土星、冥王星合相時，都會帶出一股強大的命運力量，讓當事人覺得命運不可違抗，只有順從天意。而確實，越是順服的人，在此越有福（或者少受一點苦），否則老是恨上天不公平，想向上蒼討回公道，卻只會讓自己受更久的折磨。

在我看到的星圖中，若談到土星合相冥王星的惡果報，有不少血淚斑斑之事，而其實許多事並非沒有事先的徵兆，只是人們常常太忙了（忙於物質的追逐），以致忽略生命中許多更重要的大事。土星合相冥王星時，常是提醒人們多注意冥王星改變現實的能力，許多人生的階段在此必須告一段落，不管是親人的變故、健康的變化、事業婚姻的變遷，如果事情就是該變，那麼只有坦然接受，生命本來就是奠基於無限的變化之中。

對相（180度）：土星對相冥王星時，常出現兩種迥然不同的狀況，對某些人而言，這是一段大放光彩，攀登人生高峰之時。有人在此時中了科舉（博士）、當選要職（立委）、新職發表（總經理）等等。這些狀況，通常和當事人冥王星的相位不錯有關。但當事人通常也十分努力，因爲土星對相冥王星的成功，絕不是那種天上掉下來的僥倖好運，而是非常辛苦贏得的，因此有些人在此時雖然獲得了成功，但身體也過度地消耗，所以有種筋疲力盡之感。

另一種土星對相冥王星的狀況，就不好過，當事人在此時，會覺得許多的努力都沒有贏得「該有」的成功。當事人覺得被命運玩弄了，生活、工作、希望通通像走進了死巷，土星代表的挫折，使得冥王星渴望的自我超越也落空了。

和諧相（120度）：當土星和諧相冥王星時，這是在事業上進展的好時機，當事人通常會在此時受人提拔、得到獎勵、成就受肯定、工作受矚目等等。由於土星的成績不是不勞而獲的，因此當事人在過去越努力、越累積成就，在此時的收穫也越大。所謂「十年寒窗無人知，一舉成名天下知」，但如果當事人一向只吃喝玩樂，則此時土星和諧相冥王星的成就自然也就不會太可觀了。除了接收過去的成果外，在土星和諧相冥王星時，當事人如果有什麼重要的計畫，也很適合在此時開始去做，因爲土星會帶來很持久、堅忍的毅力，能幫助冥王星去完成一切超越平凡的工作。

衝突相（90度）：當土星衝突相冥王星時，生活中常常充滿各式各樣的困難，許多的危機接踵而至，也許是工作的、事業的、健康的、家庭的、人際關係的……，而當事人會發現這些困難都很難解決。通常土星衝突相冥王星的困難，來自土星的力量很頑固，而冥王星的力量又很執著，兩方都不是好商量的對象，土星想維持現狀，冥王星想徹底改造對方，兩者相爭，誰也不讓步，變成糾纏不清的亂局。在此時期，當事人最好不要急著下判斷，越疏離、越客觀越好，尤其本身有暴力傾向的人，在此時要特別小心，因為土星衝突相冥王星，有時會引發暴力性的意外事件，千萬要小心。

另外，當事人如果平常行事不正，做了不少虧心事，此時則會遇到「惡有惡報」之事。

PART 3
外行星推進相位演出生命歷程的情節

11 天王星
相位的突破和危機

天王星對相太陽時，像是外在的現實施加於人。當事人必須建立自己的認同，尋找自己獨立的身分，對某些人而言，這種「失落」反而是種解脫，尤其對於一些本來就不服膺父權的人而言，天王星的對相帶來了自由。

天王星推進本命太陽的相位

合相（0度）：天王星合相太陽時，有可能表現在當事人和他人關係的調整（尤其是父親、丈夫）。對當事人而言，也有可能是當事人和自己內在的雄性形象（男女均會面臨這種處境）的關聯的變化。

基本上，天王星一定會帶來某些變化，譬如說父親變得較疏遠、不可接近了，或者是父親的權威不再那樣具有約束性了。或者是丈夫因私因公而常需遠離家門，或者丈夫變得比較無法擔任照顧家庭的責任（如工作改變、性情改變等等）。又或者是當事人感受到一股強大的驅策力，「想要做自己」，不要老是聽命於人，當事人變得較自主、開放、獨立、自由，不喜歡按照社會訂定的規則遊戲，而希望自己找出自己的規則。本命如果太陽相位不佳，這將是一段非常震盪、混亂、顛倒、多變的時光。尤其對正值青少年反抗期的人而言，此時演出逃家、逃學的情境頗爲多見。對於處於中年危機的人而言，則又會是一段想逃婚、逃業的緊張關頭。當事人最好不要累積太多的生活苦悶及壓力，平常就要懂得疏解，否則山洪爆發就爲時已晚了。

對相（180度）：天王星對相太陽時，表現於外在情境的機會比合相更大，因爲對相的力量更常像「外在現實」施加於人，而合相較容易覺得是自我的「內在現實」創造了外在事件。

在我看過的星圖中，有人在此時遭逢父親離家出走，留下幼年的他與母親相依爲命，有人則父親調職國外，經年不見人影，有人則在此時喪父喪夫（可能發生在當事人十歲或五十歲）。總而言之，當事人勢必無法再依靠強大的父親或丈夫形象的保護了，必須建立自己的認同，尋找自己獨立的身分，對某些人而言，這種「失落」有時反而是種解脫。尤其對於一些本來就較不服膺父權結構的人而言，天王星對相帶來了自由。有些當事人在天王星對相太陽時，感受到自我形象的改變，有些原本較無自信、慣於服從、習慣依賴權威的人，在此時發現自己不那麼願意做「乖乖牌」了，他們開始敢反抗上司的意見、想建立自己的權威、不甘被人指揮、勇於維護自己的利益等等。當然，這些行動勢必挑戰到他人，有人在此時自然會陷進和他人對立的權力爭奪戰中，當事人至少要明白這是必須付出的代價，想對抗就要接受自己也有失敗的機會，不要沒頭沒腦地瞎反抗一番。此外，由於天王星對相太陽，有時會激起當事人不顧一切、爲反對而反對的不負責任心態，對成熟的人而言，這是很不明智的，因爲沒有人會原諒你。當事人在此時要盡量保持冷靜，記住，要懂得分辨改革和摧毀的不同力量。

和諧相（120度）：當天王星和諧相太陽時，帶來的是改變而不帶壓力、新奇而不突兀、豐富而不混亂、自由而不失序的狀態。當事人可以用輕鬆的態度享受生命的多采多姿、千變萬化。

通常在這段時間，當事人的事業、工作、家庭關係、情感關係等等，都不會太單調乏味，當事人能發揮創意地過日子。對從事創造、發明、發現、探險工作的人，這尤其是一段值得努力的時光，必然會帶來豐碩的成果。有的人會在此時開始進行一些新奇、有趣、特別的計畫，譬如說讀占星學、研究古文明、學習電腦繪圖、高空跳傘、深海潛水等等，生活會變得像度假一樣，常常充滿變化，當事人也會覺得體力較好，就像度假時每天一大早興高采烈地起床，因爲迎接而來的一天常常是有趣的生活。

衝突相（90度）：當天王星衝突相太陽，當事人最好要有心理準備去面對某些「突發的意外」。天王星就像投出人生變化球的投手一般，考驗當事人的太陽打擊手是否能夠迎擊，在大部份情況下，太陽一方常是落得打擊落空、被封殺出局。但在某些特殊狀況下，少數人卻也有可能擊出特別漂亮的安打。

在我看過的一些星圖中，天王星衝突相太陽時，常常會發生某些突發事件，而且是較常出人意外的。譬如說一向順利的工作，卻因爲老闆的個人因素而宣告公司結束。

又譬如說以爲沒有問題的婚姻，太太或丈夫卻突然出狀況。或自以爲自己身體好的人，卻突然心臟病發作……。這些突發的壓力，常讓人措手不及，而基本上生活越死板、越不可改變的人，遇到意外狀況時的承受力也會特別差。就像蘆葦不怕風吹，但竹籬笆卻可能一吹就倒，在天王星衝突相太陽期間，當事人最好懂得讓自己的人生越有彈性越好，不要太死心眼，不要訂太多自以爲是的計畫，不要給自己太多沉重的壓力，不要在現實上做太多不容改變的安排。總之，人生有平坦路也有顛簸路，天王星衝突相太陽時，就是人生道上充滿坑坑洞洞之時。

天王星推進本命月亮的相位

合相（0度）：天王星合相月亮時，當事人通常會在此時和某些女性發生重要的關聯。有些男性會在此時突然對某位女子（也可以是女性化的同志）一見傾心，而這種癡迷卻完全沒道理，通常在此時吸引當事人的女人，都不是他原本習慣的類型，或者對方總是有某些奇特之處。而且這個感情常常是來得快，但消逝得也快。很少人會在天王星合相月亮的情況下發展出一份穩定而有結果的關係（除非還另有土星的力量牽涉在內）。

對一般人而言，在大部份的情況下，天王星合相月亮，常常是發生和母親、姊妹、妻子、家庭有關的事件。如果月亮的相位極其不佳，有些人會在此時遭遇以上女性的突然變故或不幸，而這些變化都會帶給當事人情緒的震撼及情感的風暴。但這種狀況並不常發生，在一般情況下，天王星合相月亮時，比較常見的是當事人內在情緒的騷動。即使平常很遲鈍的人，這時也會變得易感起來，情感容易出現風波、家庭的事件增多，生活不再那麼例行公事，而是經常出現各種的小意外。

對相（180度）：天王星對相月亮時，即使月亮本身並無剋相，也有可能是身邊的女性發生突然的意外，因爲天王星代表外在的力量，像地震一樣，搖動著月亮，而月亮通常象徵著人們安全感的根源、情感的支柱。當地震的強度過大時，可能就會暫時把月亮搖落了，讓當事人天旋地轉。

我有一個單身的女朋友，直到五十多歲還和八十多歲的母親同住，母親一向管她甚嚴，女友平日頗多反抗，但一直沒搬出去住，是因爲她認爲有責任照顧母親。在天王星對相月亮的時候，平日身體好端端的老母竟然在睡夢中逝世了，由於母親年歲已大，如此仙逝未必是不好之事，女友一方面覺得責任已了，可以自由了，但同時又覺得內心十分脆弱、不安、騷動、慌亂。她到此時才明白，其實她母親一直是她情感世界的中心，兩人雖然時有摩擦，但情緒的拉扯反而使她不覺孤單。如今，她是眞正孤孤單單一個人了。天王星對相月亮時，迫使人要面對獨立、自由的考驗，有人可能在此離開家鄉、離開家庭、離開婚姻、離開親人。天王星切斷了人們習慣的臍帶，生命不能繼續待在溫暖安全的子宮月亮之中，新生命的挑戰是每一個人成爲新生個體時不容逃避的責任。

和諧相（120度）：天王星和諧相月亮時，是一個人情感生活、家庭生活、個人慣性可以產生創造性、建設性的改變的好時機。在我看到的星圖中，有少男少女在此時交了很好的女性朋友，對方的獨特性或不凡之處讓當事人的生活變得較有趣。有人在此時很自然地因環境所需而離開家庭（譬如說換工作、唸大學、出國等等）。而在天王星和諧相月亮時，通常代表當事人十分渴望改變、渴望離家、渴望新生活，當事人從不會覺得不安，而是興致勃勃地迎接各種情感、人際關係、家居生活的改變。天王星帶來的是成長、新視野、新機會。因爲有天王星的和諧相，人們的情感、情緒，才不會因經年的規律、刻板、例行的生活而變得死氣沉沉，人們在此時應把握機會，多交些朋友（此時來的關係通常都有調節情緒活力的助力），多親近藝術（尤其是和情感表達有關的活動），多花些心思在家庭的佈置、整理上。在此時做居家佈置一定能表現出獨特的巧手慧心。

衝突相（90度）：當天王星衝突相月亮時，當事人的情緒、情感生活勢必要經歷一連串的劇變、衝擊。在此時，內心緊張、焦慮、不安的情況是很難避免的。有的時候，多年累積的壓力會在此時爆發，譬如一段不甚良好的婚姻，在此時宣告結束，通常是女性（本人或妻子）提出分手的要求。有時是和母親長久相處的困難在此時變得更嚴重，有時是特定的家庭生活因工作而受改變，或家中的房子突然損壞、需要修補或因其他因素而必須搬家等等。

總之，天王星衝突相月亮時，生活從不會是平淡如水、滑順如絲，一定會有大大小小的事情令人煩心、有人在此時會變得情緒很不穩，偶爾會有些失常的舉止而引人側目。也有人在此時遭遇財務的問題，而通常會和身邊的女性有關，如母親、太太或女性自己因爲投資股票而賠了一大筆錢之類的事，引起內心的不安。

天王星推進本命水星的相位

合相（0度）：天王星合相水星時，非常適合在此時學習新的東西，尤其是和科學、科技、電腦、占星學、玄學等有關的知識。當事人在此時的腦波有較高的頻率，能夠跟複雜深奧的訊息輕易牽上線，因此加快了學習的速度。對於在青少年時期即遇到此相位的人，通常都是早慧的科學小天才，應當好好運用這一期多接近數學、物理學、電腦等學問。在中年期遇此相位的人，如果早已是科學研究者，此時常意味著突破性的理解及發明。對占星學、玄學有研究者，在此時也是知識突飛猛進之時。天王星水星合相，由於天王星的超俗性質，並不適合在此時學習太實際入世的知識，也不適合在此時決定一些現世之事，如該不該買房子、要不要做生意等等。

對相（180度）：當天王星對相水星時，表現於外的情境常常是過多的資訊、溝通、傳播、新聞、消息，讓當事人疲於應付。像電子郵件超載，即是典型的天王星對相水星會發生之事，形之於內的，即是當事人的心理狀態會處於極度的焦慮、緊張、過動、不穩定，原因是當事人的腦神經通路，在此時承載了太多的電子訊息，自然精神疲憊不堪。

在天王星對相水星時，當事人最好多找機會讓自己平靜下來，少看報紙、電視，少開電腦、上網，以減少外界訊息的輸入，此時也不適於旅行，因爲旅行時常必須面對更多的新事物、新狀況，如果當事人懂得冥想、打坐，也是讓身心靈恢復平靜的好方法。此外，在天王星對相水星時，由於事情變化得很快，許多的狀況都是一日三變，任何的約定、計畫、協議都可能突然生變，當事人在此時要有「隨波逐流」的準備，不必做太長久的安排，也最好不要在此時簽訂任何重要的決議。

和諧相（120度）：當天王星和諧相水星時，當事人的心智會變得較有敏銳，有些人在此時會特別有直觀、靈感、天啓，好像腦中接上了超頻的無線電波，可以向遙遠天際接收外星人訊息。

在這段時間，當事人適合學習新事物，尤其是和科學、新科技、占星學、玄學有關的事物，有時當事人也會在此時遇到一些特殊、不凡的人，帶領當事人經驗一些神奇的生活（尤其是和心智擴展有關的生活）。也有不少人在此時加入一些提倡心智修行特別的團體，對於本來就在做研發、實驗有關工作的人，此時常是重要的頓悟及進展之時。對於喜歡旅行的人而言，在天王星和諧相水星時，最適合遊學的旅行，因爲此時的旅行會有很高的學習價値，而不是懶懶躺在海灘曬太陽的那種度假。

衝突相（90度）：當天王星衝突相水星時，當事人會覺得心智、精神很緊張，好像過多的電流流過電子通路，而使得電路變得不穩定，當事人在此時容易會陷入草率、衝動的決定之中，即使當事人自以爲很小心，但其實還是會很冒進，因此最好盡量不要在此時做任何重要的決定，尤其是和商業交易有關的事。我就看過一個星圖，當事人由於在此時在網路銀行上進行股票買賣而出了大錯，以致損失了不少錢。像千禧年Y2K事件，就很像典型的天王星衝突相水星會發生的，因此在一九九九年至兩千年間本命星圖上又遇到此相位的人，要特別小心這個問題。

此外，天王星對相水星也不利於旅行及交通，尤其本命若水星相位不佳的人，在這段時間也要特別小心交通事故。另外，由於天王星衝突相水星，容易造成當事人堅持己見、喜歡爭辯的傾向，而當事人多半是站在自以爲開放、前進的立足點上，覺得別人不肯採納新意。但因爲和水星形成衝突相，導致當事人自以爲開放卻不能容人，自以爲前進卻很武斷。爲了避免不必要的對立，當事人最好在此時多加反省自己的心智及表達的方式。

天王星推進本命金星的相位

合相（0度）：當天王星合相金星時，常常在一個人的感情生活導演出十分可觀的變化奇景。在我看過的星圖中，有懷春少男在此時愛上比他大二十歲的少婦，有中年女性拋夫棄子愛上鋼琴酒吧的調酒少年，有快近晚年的男士尋找生命的第二春，有一對年輕夫婦行「開放式的婚姻」（容許雙方外遇），有一位正值適婚期的女性在此時連續換了好幾任男友，卻始終無法決定要嫁給誰……。這些看似不同的情感劇情，其實都有相似的質素，即反映出天王星的不可預測、違反倫常、不做承諾、善變好新奇、大膽作風等等。天王星合相金星，開啓了情感多元、多變、多新、多奇的可能性，讓人看到花花世界的千變萬化，就像生物基因的不斷突變。情感基因本來也就有突變的天理，只是某些人類愛秩序、怕變化而已。在天王星合相金星時，要秩序是最難的，一切都是出人意料，是一場永遠變化的雲霄飛車，轉得人眼花撩亂。

對相（180度）：天王星對相金星時，最常見的是「老感情」的結束（而天王星合相是新戀情的開始）。一般在戀愛中的男女，最不願想像及接受的就是人類的情感是有週期的，有生、老、病、死，成、住、壞、空的循環，而許多人抗辯說有些男女或夫婦「相愛」了一輩子，其實眞正連繫這些人廝守終身的力量很少只是愛情，有時是親情、友情、恩情或責任、利害等等。當然，天王星對相金星時，也未必人人會分手，通常是本命金星和土星、天王星成剋相，或本命上昇及下降星座爲變化星座的人（如射手、雙子、處女、雙魚）較容易選擇「分離」的決定。

除了所謂「合久必分」的情勢外，天王星對相金星時，也不利新關係的穩定，常見有些人剛離了婚或分了手，與之快速交往的人往往不是最後固定下來的對象（除非彼此土星力量特強），因此在天王星對相金星時，最好不要做太多情感的承諾及安排，以免多生事端。

和諧相（120度）：天王星和諧相金星時，未必一定和人們的戀情有關，也有可能是和事物的戀情。譬如說特別迷戀某些繪畫、音樂、雕刻、古董、奇石、家具、織品、服裝、珠寶等等。

在天王星和諧相金星時，金星美好、歡愉、和諧、新奇的特質大多是正面的，讓人享受生命，但不會有太多負擔。人們在此時相戀，常常會遇到特別有趣、好玩的對象，但彼此又不會太苦戀或牽絆。總有一種「相愛是爲了分享更多的事物」的感覺，而不是「相愛是折磨」、「相愛是責任」等等。雙方不會急於綁住對方，而較可以開放、自由地欣賞、接納彼此，通常在這個機緣下形成的戀情，會有一份以友誼、同志、同道爲主調的情感。同時天王星和諧相金星，也會刺激人們對美、對創作的欣賞力，因此這個時期是創作的人靈感泉湧之時，也是享受鑑賞藝術之美的好時光。

衝突相（90度）：當天王星衝突相金星時，情感關係經常會出現困難、挫折、挑戰。但和對相略有不同之處在於，衝突相時，當事人一方面不耐舊情感的單調、例行、無聊，而受到外面世界新人、新事的吸引，但同時卻又十分矛盾，覺得新的感情未必如舊的可靠。

因此，天王星衝突相金星時，常常是感情出軌，但未必一定是性愛出軌之時，有時當事人（或當事人的伴侶）受到新戀情的吸引，也許付諸行動、也許只變成一場內心春天的騷動而已。但不管如何，這段時間當事人和原有的關係在形式上、實質上、本質上卻勢必要面臨一些更動、修正。如果眞的是太無聊、太令人厭煩的舊關係，也許就正要畫上了句點。但如果雙方的關係只是暫時疲倦了，讓雙方休息一下，增添情感新意，有時也是感情春回之時。而在此時，當事人如果執意尋求新的戀情，多半是不定的、不尋常的、不持久的感情，有時會像一場春夢了無痕似地心花怒放一番又迅速凋落。

天王星推進本命火星的相位

合相（0度）：天王星合相火星時，強烈地刺激了火星的動能，當事人在此時會特別地衝動、性急、狂躁、不安。如果當事人在此時對生活的滿意度很低，當事人會特別容易憤怒（對自己也對別人），因此，可能因壓抑的怒氣而產生各種疾病（有些人在此時甚至需要動手術），或因爆發的怒氣而發生各種意外（與他人鬥毆、交通事故、生活意外等等）。

在天王星合相火星時，要壓抑火星是不可能的，就像防洪不該防堵，最好用疏解之道，因此火星的能量一定要找到一些建設性的出口，固定的運動是好方法，但不可選擇有危險性的運動（因爲此時容易出意外）。另外，最好能從事一些創造性的活動，如繪畫、雕刻、寫作等等。而且從事的活動能讓當事人越狂熱投入越好，也越能消耗掉火星的爆發力，但要避免破壞性、負面的活動（如賭博、喝酒、開快車等等），因爲火星的負面能量會導致很大的災難。

對相（180度）：當天王星對相火星時，當事人會覺得內心的動力就像一頭未被馴服的野馬一樣，狂奔起來就無人可約束了。此時，反抗他人、不受限制、狂躁激進、怒氣衝天則是家常便飯之事，火星的能量是要表現自己，天王星則強調不受拘束，兩者對立，互相刺激，則變成爲所欲爲、膽大包天。尤其是本性本來就較衝動的人（如本命火星受剋），更要小心此時的冒險傾向，不要在此時做任何重大的決定，否則多半是以慘敗收場。

在我看過的星圖中，有少女在此時逃家和情人同居，有少年一時衝動持刀殺人，有中年人狂賭欠下一大筆賭債，有老人一言不合和老鄰居大打出手……。天王星對相火星，就像在鬥牛面前揮舞紅旗，當事人在此時很難控制自己（除非修養一流）。因此若提早知道自己的這種傾向的時間表，屆時多自我提醒，也請身邊信任的人多關照，也許較能避得掉這種自我狂飆期。

不過，狂飆如果是有所目標，也未必一定是不好之事，有時某些藝術家就在天王星對相火星時生產出驚世駭俗的作品，有許多革命份子就在這個時候犧牲自己去打倒體制。這種有目標的瘋狂、激越、爆發，對當事人身心仍是有害的，但整體社會卻可能從中獲益。

和諧相（120度）：當天王星和諧相火星時，當事人會覺得興致勃勃、精力高昂、活力充沛、體力絕佳。尤其是對某些天性較懶較被動的人，此時更會覺得生命力煥然一新，當事人會樂於從事很多原本不太從事的工作。有人可能開始慢跑、登山、騎越野單車，有人變得較自主較有自信，敢表達自己的意願，行動也較果斷，有人在此時戒除多年的壞習慣，如戒酒、戒菸、戒賭成功等等。

此外，天王星和諧相火星時，也適合從事需要體力的創造活動，這是對舞蹈家、雕刻家、畫家、體操選手、溜冰選手等等特別有利的時間，當事人能結合行動和變化的節奏，創造出和諧生動的能量。

衝突相（90度）：當天王星衝突相火星時，當事人特別容易覺得焦躁、煩悶、不耐。和合相、對相的狀況最不同之處在於當事人會特別有「想動而不能動」、「一動就出大亂」的感受，當事人此時是上了韁繩的野馬，但一心想掙脫卻又掙脫不了，一肚子怒氣怨氣沖天。在天王星衝突相火星時，是當事人脾氣最不好的時候，有些人在此時捲入政治、軍事的、商業的、個人的對立和衝突。有些人在此時經常會出現一些小意外，如跌倒、割傷、燙傷自己或交通碰撞。有些人在此時則會在身體上發生差錯，如必須開刀動手術之類的，總之，天王星衝突相造成體內能量的不和諧，形之於外的自然就是不和諧的生命事件。爲了讓此時的大事化小、小事化無，當事人最好多做一些調節自己身心能量的活動。打坐、太極、瑜伽、芳香療法都是可放鬆身心、緩和精力的方法。

天王星推進本命木星的相位

合相（0度）：當天王星合相木星時，除非木星相位特別不佳，否則通常是幸運之神眷顧之時。而由於天王星行運較慢，在每一星座中約七年，再加上有時遇到逆行現象，因此當事人遇到的天王星合相木星，有時會來來回回跨越可至兩年，比起木星合相天王星的時間要長得多。因此若一個人本命星相位特別好，（例如與太陽、月亮、金星、木星、天王星等成諸多吉相時），再加上天王星合相，則當事人會有種好運一來，擋都擋不住之感。好事可能是物質世界的成功（功名利祿），也可能是精神世界的進展（修行有成）。

對相（180度）：當天王星對相木星時，可參考木星對相天王星部份。較主要的不同在於，天王星是推進的外來力量時，行運的影響期較久。通常在此一時期，代表機會的木星受到不可預測的天王星的影響，使得人生機會大為增多，但這些機會如不把握，也很容易錯過。同時，有的機會會帶來突然的獲得（金錢、地位、工作），有的卻帶來突然的失落。總之，這一時期很難判斷，當事人必須特別小心。另外，此一時期也會使當事人的生活面臨不少的改變，搬遷、旅行、換工作等等是常見的情形。我有一個朋友在此時，先到美國留學後換到英國，到了英國不久又換學校，變來變去，還好他本命木星相位不錯，最後總算碰上了適合的環境。

和諧相（120度）：天王星和諧相木星時，是生命中少見的美妙幸福時刻，就彷彿有個幸運天使天天站在你肩頭上保佑你凡事大吉，因此在這段時間（天王星和諧相木星，運氣好的話前後可達兩年，比木星和諧相天王星長多了）。當事人會覺得自己做什麼事都是點石成金、事事順利。然而，所謂「福慧雙修」，天王星和諧相木星時，最難得的天賜恩寵不是只賜世間之福而已，而是同時給予當事人享有精神之福、修行精神之慧的時間，讓當事人在生活好過的時候，行有餘力則以學道。但如果當事人不懂這層道理，明明在天王星和諧相木星時已經享盡了不少世間之福，卻貪得無厭，想要更多的功名利祿、吃喝玩樂，則變成了「人在福中不知禍之將至」，不僅不能福慧雙修，還可能福中造業，而錯失了天王星和諧相木星的佳意。

衝突相（90度）：天王星衝突相木星時，當事人要特別小心不要主動冒任何財務上的險，因爲此時非常不利投機、賭博之類的活動。但即使是正當的投資，在天王星衝突相木星時，當事人還是很有可能蒙受損失，而且不見得是當事人自身判斷有錯，而是因爲木星所象徵的整體社會經濟情勢出了狀況，才導致當事人遭逢財務的損失。

因爲天王星衝突相木星的時日不短（有時一、兩年），因此在這段時間，當事人最好採取較保守的投資方式，即使還是會有所損失，但至少降低損失的程度。另外，當事人最好也要有「未雨綢繆」的打算，多留一些現金在手邊，以防不時之需。此時如果本命木星、天王星相位不佳，在天王星又衝突相木星時，少旅行以防止不必要的狀況發生。

天王星推進本命土星的相位

合相（0度）：在天王星合相土星時，和土星合相天王星的最大分野，在於天王星是推進的外在力量時，帶來的不可預料的劇變力量比土星推進要大得多，因此本命土星代表的舊秩序、結構、建制、傳統勢必受到驚天動地的革命力量。例如說本命土星在一宮的人，一向保守謹慎退縮，當天王星一合相，當事人即可能變得急進開放好動起來；本命土星八宮的人，一向對性事有所畏懼，天王星一合相則可能突破禁忌。本命土星十一宮的人不善交際、不愛交往，天王星一合相卻可能變得熱心交誼。以上這些都是好事，但是天王星合相土星時，也可能讓本命土星在七宮的妻子在一向忍耐婚姻生活多年後，突然在天王星合相時堅持向丈夫提出分手。也讓一個本命土星在十宮的丈夫，在多年努力事業、堅忍工作後，而在天王星合相土星時不肯再工作等等。總而言之，天王星帶來冒險開放等人生，但也同時摧毀了人們的安全感與現實基礎。

對相（180度）：天王星對相土星時，當事人的「現實」會遭遇一連串的摧毀與變化。和天王星合相土星的不同在於合相時，當事人通常也會覺得某些舊方式、舊規矩、舊習慣也需要改變了，而天王星合相剛好提供了變革的外力，但在天王星對相土星時，當事人也許無意識地同意改變，但在意識層面卻還未有此需要，因此天王星的對相造成的改變，特別會讓當事人覺得土星代表的宿命力量不可違抗與出人意表。

天王星對相土星時，一個人的生意可能突然結束、公司突然停業、別人突然宣布要離你而去、你的身體的正常運作突然叫停。從外在現實（事業、婚姻、家庭），再到自身的現實（如身體），都好像突然罷工了。在健康方面，此時容易產生的疾病是心血管及循環方面的疾病。有時疾病也反映在內在現實的罷工，如精神崩潰、精神官能症等等。通常應付天王星對相土星的方式，是越順其自然越好，千萬不要強加抵抗，不要抗拒現實的變化，勇於接受生命的無常，反而更容易度過人生的難關。

和諧相（120度）：在天王星和諧相土星時，當事人將會懂得如何在現實既定的秩序、規律、結構中尋求創意、建設性的改變。就像任何偉大的畫作都有大小不同的畫框一樣。接受畫框的存在，就像接受生命有根本的限制一樣，懂得在限制之內發揮創造力的人，要比夢想畫一幅沒有畫框、無止盡的畫，或老是不滿任何畫框以致成天抱怨不做事的人，更能完成生命的作品。天王星和諧相土星，即是當事人較能了解「限制帶來自由」、「責任帶來機會」的智慧，在這段時間內，不管是事業的進展、生活的開拓，當事人都較能兼顧現實與創意、秩序與進展，這是人生改革（或一切改革）

可達成建設性成果而不必付出破壞性代價的時機。

衝突相（90度）：當天王星衝突相土星時，比土星衝突相天王星惹出的動亂要大得多，也維持較久（最長可至兩年左右），因此不能等閒視之。當事人會特別搖擺於自由、獨立、反抗和紀律、責任、束縛的衝突之中，覺得無所適從。在這段時間，當事人也許一面想掙脫婚姻生活的厭煩，但一方面又放不下家庭的責任。或者有人無法再忍受工作的單調，但卻爲了固定的收入而動彈不得。在此時刻，人生常像童話中野貓和家貓的故事，野貓有自由、但也有危險，家貓沒有自由，卻保證不必流浪街頭、三餐不繼。怎麼選擇？在天王星衝突相土星時，沒有一種選擇看來是兩全的，都是兩難、兩敗，不如不做選擇，避開這段煎熬的時間，接受人生的瓶頸，在此時好好充實自己的知識與智慧，在未來做出更好的安排。

天王星推進本命天王星的相位

合相（0度）：天王星合相天王星時，只有兩個可能，一是因爲逆行作用，在出生後不久，天王星逆行後又回到生命的天王星（約在一歲之內）。第二則是在當事人年事已高，約八十四歲左右。在第一個可能性下，當事人由於出生於天王星逆行的影響下，通常都會造成基本性格的不穩定，當事人會特別難以忍受限制、約束，因此一生都會有種強烈地不想受他人干預的自主性。在第二種情況下，如果當事人的本命天王星相位不佳，譬如說剛好和太陽、火星、土星等成剋相，則當事人要特別小心此時的健康狀態。如果當事人本命天王星相位很好，則此時常代表人生境界的突破，當事人將有能力接受宇宙高等次元的精神能量。如果當事人有表達的工具（如文字、音樂、功夫等等），此時也是將自己人生智慧所得分享他人之時，否則只好獨修、獨樂了。

對相（180度）：天王星對相天王星時，是「生命中站」時很重要的時刻，一般人常稱此時期爲中年危機（或中年轉機）。這個時間一般發生在一個人三十九歲至四十二歲之間，（確切的時間則要根據天文曆上行星的運行而定）。關於中年危機的現象及意義，在《寶瓶世紀全占星》一書（已出版）亦有介紹，讀者可參考上書。

基本上天王星對相天王星時，當事人特別會感受到生命力的騷動，覺得再不把握機會，許多人生的可能性就會消逝了，有些人在此時特別渴望重享青春，因此想談戀愛、想放浪不羈、想掙脫束縛、想反抗傳統、想自由呼吸天地之氣。如果本命天王星和其他星星形成剋相，當事人在此時就有可能採取各種的「出軌」、「不軌」行動來反抗。如果本命天王星吉相居多，當事人則較可能爲生命情境製造豐富的多軌傳奇。

總之，在這段時期，當事人根本不可能抗拒改變，但要變好、變壞、有意義地變，還是無意義地變則有賴當事人智慧的選擇。

和諧相（120度）：天王星和諧相天王星，在一生的生命歷程中約略發生兩次。第一次約二十八歲左右，由於第一次的和諧相和土星的第一次回歸本命的二十九歲半，時間很接近，因此可以變成年輕人成熟期的一個重要的生命週期。在第一次和諧相時，當事人在此時常常已經工作多年，有些人在此時結了婚、生了小孩，生活的多元性已經在眼前展開，但責任也加重了不少，因此許多人的生活開始步入例行公事。在天王星第一次和諧相時，正是提醒人們留意個體的自我完成，是不是還有些夢想要追求、有些潛能尚待開發、有些機會不容錯失？如果在此和諧期（因爲外行星的和諧相力量較弱，需要意識的覺察）混沌地過，很多人就一腳踏進了土星的世俗責任中，而成爲生命的囚犯。但在此時，願意面對天王星多變的可能性的人，在土星回歸時也較容易突破人生限制。

同理，在五十六歲的天王星第二次和諧相時，也常常是世俗的責任略告一階段之時，子女可能離家了，房貸壓力也較輕了，自己的父母也可能過世了，也有人已經開始準備退休了……。在此階段，生命其實還有不少可學之事，尤其如果早年的工作以屈就現實居多的，這時其實可以開始選擇一些自己眞正喜歡的工作（未必要計較收入），追求自己的嗜好、擔任義工性的工作都是不錯的選擇。如果能在此時善用天王星的和諧相力量，在土星第二次回歸本命土星時（五十九歲），才不會有老之將至的悲觀與沮喪。

衝突相（90度）：天王星衝突相天王星，在一般人的生命歷程也會發生兩次，一次是二十出頭，一次是六十出頭，通常這兩個時期都會跟隨著一些心理的壓力和外在的困難。在二十出頭時，當事人剛脫離青年期，第一次「被迫」或「自願」覺得自己長大成人了，許多年輕時的「豁免權」沒有了，而成人的責任加重了。很多人在此時必須開始工作賺錢養活自己；有人必須在此時當兵、考研究所，或者開始嚴肅計畫未來，生活明顯地會和過去不同，種種變動都需要適應。有些人會在此時反抗長大，寧願做永遠的小飛俠，而表現出不負責任的生活態度，縱情於聲色玩樂以逃避心理的緊張。

在第二次的天王星衝突相天王星時，則是相反的壓力，當事人此時害怕的不是「進入社會」，而是怕「退出社會」。在六十出頭時，是許多人法定退休的日子，而對於習慣把工作當成人生目標或逃避的人而言，被迫從工作退休就好像是要被從人生中退休一樣，當事人常常不知所措，對新生活（沒有上下班、待在家中面對老伴等等）的變遷難以適應。

天王星衝突相天王星除了造成工作的變遷，也可能造成人際關係的變遷，譬如說年輕時要適應「新人」（配偶、小孩）加入生活，年紀大時要適應「老人」（配偶、小孩、父母）的離去。面對這些人生的變遷，當事人越有心理準備越可降低壓力，一顆柔軟彈性的心，自然比較經得起人生的各種折磨。

天王星推進本命海王星的相位

合相（0度）：反抗傳統的天王星，遇上了不顧現實的海王星，引發出相當離奇、古怪的力量，這個合相可以展現出人性中最尊貴或最低下的力量，如果當事人對生命的黑暗面沒有自覺，而且也無法自我控制，天王星合相海王星會使人走向自我摧毀之路。但如果當事人有較高的靈性，天、海合相也可能讓人去追求超凡入聖的理想。如果天王星、海王星相位不佳，在此合相時要小心藥物中毒，也要避免任何迷幻藥的服用或痲醉品的濫用。對老年人而言，如果天海合相的相位特別不佳時，則要小心老年癡呆症的病症及各種精神性的疾病。

對相（180度）：天王星對相海王星時，對於缺乏靈性體悟的人而言，會有一段非常困惑的時期。天王星強大地引出了人生無常的力量，而海王星也強烈地引出了生命虛空的力量，尤其對於那些向來物質傾向強烈的人，在無常加上虛空力量的籠罩下，許多人都變得心神不定、無所依靠。由於天王星、海王星運行軌道的影響，在本世紀尾聲時，天王星對相海王星的現象將只會發生在目前年約七十多歲的人身上，因此不少老人在此時會經歷相當大的心理困難。因此，最好這些老人都有一些精神、宗教的覺醒與悟道，或許較可以幫助他們適應宇宙意識虛空及無常本質的揭露。

和諧相（120度）：天王星和諧相海王星，是個人及世代靈性覺醒、提昇、進化的重要階段。如果當事人早就走上精神、哲學、宗教的追尋之路，此時將是靈光湧現、靈力澎湃之時。如果當事人過去一直昧於世俗，此時也是到了瞥見生命底層神性、靈性之時，當事人可能會開始對宗教、靈學、哲學、玄學等事物付諸較多的心力，對於有些修行的人而言，在天王星和諧相海王星時修行，也較容易對準宇宙較高、較善的頻率，較不易受低靈的干擾，也就是所謂較易「修成正果」之時。

衝突相（90度）：當天王星衝突相海王星時，對當事人而言通常是一段很困惑、無所適從、迷惘的時光，常常在此時當事人會覺得生活中很多事情都出了問題，不知如何應對，偏偏當事人在此時應付現實的能力又特別地弱，因此在這個階段，最好不要捲入新計畫、新安排之中，因為當事人很可能會欠缺考慮就貿然投入某些迷障之中。此外，在這時也要特別小心各種迷幻、麻醉、酒精物質的上癮。許多人在此時會藉著用「肉體的逃避」來逃避現實，另一種方式則是用「心智的逃避」，不少人會在此時沉迷於物質享受或宗教、靈學的追求而罔顧現實。就像某些人所說的「宗教是人民的鴉片」，就是天王星衝突相海王星的最佳寫照，因此當事人要自我覺察，不要以為精神的麻醉就一定高於肉體的麻醉。靈學、玄學、宗教、神祕主義（如占星學）的追求不當，反而使人遠離眞正的智慧覺悟。

天王星推進本命冥王星的相位

合相（0度）：天王星合相冥王星，對目前成年人而言，都已經是幼年或青少年發生過的相位，在其有生之年不會再發生，但對於目前尚未成年的人而言，這個合相將在當事人非常年老的時候（約七、八十歲）才可能遇到。由於此合相發生的年齡一甚早一甚晚，因此除了合相在當事人星圖上顯示的特殊意義外，世代的影響也特別重要。天王星合相冥王星時，都是歷史或當事人身處的環境處於巨大的變遷力量之中。

由於天王星要求改變，冥王星要除舊布新、毀滅及新生，自然會造成歷史的加速前進。舊事物不斷消逝、新事物不斷湧上，對目前的成年人而言，應當對於這幾十年社會的快速轉變仍然記憶猶新。至於這個推進的力量在個人本命星圖上的顯現，要特別留意和天、冥兩星形成角度的其他星體。在我看過的一個星圖中，當事人在天王星合相冥王星時正好對相了本命的月亮，當事人的母親不幸在此時過世。

對相（180度）：這個對相，對大部份的人而言，都將發生在當事人中年之後（許多人都在五十歲左右遇到此一對相）。這段時候是當事人身體、心理都在急速改變之時，剛好和土星衝突相土星、木星衝突相木星時的「更年期」重疊。在這段時候，從天王星變遷的力量，到冥王星生死循環的力量，都需要當事人對生命有更深的意識參與。如果仍然混沌無明地過，則很容易在此一階段覺得迷失、混亂。尤其在此天、冥對相時，正是男女生命力「陰陽反轉」之時，男性從此接收越來越多的陰性生命力，而女性則反之，當事人如果越能跟隨生命之流而順其自然，則越能安然度過此一更年期危機。

和諧相（120度）：當天王星和諧相冥王星時，是生命歷程中一段正面的進化階段，當事人應當好好把握這一時期，此時天王星的超越性將配合上冥王星的轉化作用，如果當事人本身的靈性較高，此一階段的宇宙意識將給予當事人較高層學習的機會。許多人會在此時先經驗對自己俗世生命的檢討，發現人生方向的迷失與不足，而渴望心靈的轉化與改變，許多人在此時會開始親近奧祕占星學、神祕主義等等。而此時心靈的追求由於受天王星的正面影響，較不易陷入組織性宗教的泥沼，當事人會較清楚自己是要「悟道」，不是要「信教」，因此這一階段的精神追求著重於個人靈性的覺醒。

衝突相（90度）：當天王星推進冥王星形成衝突相時，當事人經常會在此遇到一些重大的社會經濟、政治事件，而這些社會事件又會大大地影響到個人的生活。在我看過的星圖中，有人在此時遇到台灣八〇年代初期的美麗島大審，有人遇到八〇年代中期的十信擠兌風波及股市大跌等等。這些社會、政治、經濟的變動及混亂，對當時正值天王星衝突相冥王星的人而言，更是別有一番滋味在心頭。天王星的革命力量和冥王星控制的力量相互衝突，導致力量的不平衡，而造成了社會、政治、經濟、個人生活的失序。

PART 3

外行星推進相位演出生命歷程的情節

12海王星
相位的理想和迷惑

海王星對相冥王星時，這兩顆難解的外行星，都隱藏著許多宇宙生命底層的奧祕，海王星象徵宇宙高層的渾沌天地，充沛著原始幽微的生命力，而冥王星象徵著宇宙極致的生滅世界，是一切創造毀滅及轉化力量的源頭。

海王星推進本命太陽的相位

合相（0度）：當海王星合相太陽時，影響性正負均有可能，關鍵在於本命太陽的相位。如果太陽相位良好，海王星會導引出當事人較理想性、藝術性、精神性、宗教性的人格。許多從事藝術、宗教、社會慈善工作的人，在此時都會有靈思泉湧、創造性活躍的感受。當事人的敏感性、同情心、體諒心、想像力均得以增加，自我表達的能力也增強。但如果太陽相位不佳，較輕的影響是當事人容易疲倦、渙散、意志力薄弱、糊塗等等。較差的負面作用則可能使當事人變得混亂、自欺欺人、容易對酒精、藥物、賭博等喪失心智之事上癮等等。

對相（180度）：海王星對相太陽時，對當事人有諸種不利的影響，有些人在此時容易生病，尤其容易受藥物、毒品、痲醉品、酒精等的不良影響，有些人則可能會因營養不良、食物攝取不對而引起各種生理的病症。有些人則可能因爲精神的耗損而影響心智的正常運作，譬如說容易愁悶、焦慮、不安、失眠等等以上的這些現象，有可能是表現在當事人自身，或者投射在當事人的父親、丈夫等人身上。

在海王星對相太陽時，當事人容易陷入自欺或被他人欺騙的狀態，因此更小心和他人的交往及利益的牽扯，也要小心不要被自己的想法、夢想所迷惑。有的人在此時捲入的騙局並非俗世生活，而是和宗教團體、神職人員有關的騙局。因此當事人要特別小心一些披著「上帝羊皮」的人，當事人不要太容易被滿口仁義道德、神恩天理的人所迷惑；要小心分辨義人與不義之人。

和諧相（120度）：海王星和諧相太陽時，當事人會特別發現世界和精神之美，當事人的感性豐富、欣賞力、想像力都加強了許多，當事人在此時易於爲藝術性、精神性、宗教性的事物所吸引，如果當事人本身從事這類的工作，則在此時期會有不凡的表現。如果當事人仍然忙於世俗生活，此時也容易慢下步伐，懂得欣賞較多事物的美感，譬如在上下班途中，會欣賞路邊野花、天上浮雲之美。這個時期也適合培養各種藝術的嗜好，如音樂、美術、文學等等，也這合於精神修道。

衝突相（90度）：當海王星衝突相太陽，這是一段自我困惑、充滿不確定情緒之時，有人會有一種人生走入霧洞之感，眼前一片迷茫，不知自己將走向何方。這段時間，許多人會經驗到肉體生命力的低落，常常會覺得無精打采，做事提不起勁，對日常生活也容易厭煩。也有許多人在此時會經驗對自己的工作、生活的不滿，覺得沒有人生價值，看不到自己未來的希望。而的確，有些人會在此時遭遇某些實際的失敗，如工作不得意、藝術家作品不被欣賞、健康又有問題、財務又有危機等等。種種的困難確實存在，但當事人也會過度看到事情的悲觀面，而忽略了事情的轉機面，在此階段，當事人最好不要做太多現實的安排，如換工作、投資事業等等，以免誤下判斷。這時最好保持穩定，不要冒進蠢動，多從事於滋養心靈、學習成長的事物，把這個階段的失意當成暫時休養生息，爲下一個階段進取的生活而準備。

海王星推進本命月亮的相位

合相（0度）：海王星合相月亮時的影響也是正負均有可能。但由於海王星和月亮的力量都太陰性、太情緒化，因此容易和世俗的現實格格不入，因此海王星合相月亮時的正面力量並不是很好發揮，而負面力量則較容易浮現，當事人要特別留意此一階段。

海王星合相月亮時，常見的現象有可能是當事人變得十分羅曼蒂克，有人在此時會深深地爲感情神魂顛倒，有人則著迷於某些理想而罔顧現實，有人則特別受靈異之事的吸引，有人則在此時發展出高低不一的神通能力。如果月亮相位不佳，則要小心所有的「著迷」，不管是愛人、宗教、神通等等，都有可能產生附魔上身的問題，致使當事人迷失錯亂。在此一時期，如果月亮相位不佳，當事人也要特別留意和眼睛有關的疾病以及血液循環的問題。

對相（180度）：當海王星對相月亮時，當事人特別容易被騙。在我看過的星圖中，有人在此時愛上了不該愛的人，被自己的感情狠狠地玩弄，有人在此時遭人騙財、有人在此時跟隨居心不良的上師而走火入魔。基本上，海王星對相月亮時，激起了人們性格中最浪漫、自欺、夢想、虛幻的特性。當事人會著魔般地執迷於某些事物（最常見的是愛情及宗教），但這些癡迷往往是不顧現實的判斷，而使得當事人陷入某些難堪難過的處境。

在身體方面，這時要特別小心飲食，由於此時容易受影響，因此要特別預防食物中毒，消化不良的問題，有酗酒傾向的人則要特別節制酒精。有些人在海王星對相月亮時，會和女性親戚（如母親、妻子、姊妹、姑嫂等）發生問題，或這些女性正遭遇某些人生的難題。

和諧相（120度）：海王星和諧相月亮時，如果當事人有藝術、宗教的傾向，這個和諧相常是使人走上藝術、宗教追尋的轉捩點，當事人在此時會有一種獻身於某種崇高的愛的需要，因此藝術及宗教恰好滿足了這種渴望。

如果當事人在此時爲某些人而心動，通常此時激盪的情感將是那種「純純之愛」或「柏拉圖之愛」，當事人不會嚮往肉欲或世俗條件的情愛、性愛，反而是期望另一種無私的、高尚的、幻想的愛。有人在此時的愛則更廣大，他們會特別對人類的受苦受難所不安，因此在這個時候，有人會獻身於慈善的工作。

而對於靈性發展特別高的人，此時有人會發展出很正面的神通能力，但這些神通接觸的都是宇宙的大能及白光，因此不致受低靈干擾，反而會有靈療的能力，有些人因此能治療他人身心靈的疾病。

衝突相（90度）：當海王星衝突相月亮時，是病態的浪漫主義的溫床，當事人可能會愛上一個自己並不了解的對象，但一心癡迷，也不想認清對方的眞相，只活在愛情的幻象中，即使是苦戀都是甜蜜的。這種「朦眼的愛情」即是海王星衝突相月亮最佳的寫照，也是文學、電影中最愛表達的情感。

在我看過的星圖中，有人的初戀即遇到海王星衝突相月亮之時，在整整高中三年，這個年輕女孩一直暗戀著她的國文老師，而這一場戀愛並未開花結果，但這個女孩卻在此階段經歷了所有情感的酸甜苦辣，也眞是一場「情感的教育」。

此外，海王星衝突相月亮時，也有可能是當事人的母親、妻子、姊妹發生重大的困難。有一個男子在此階段，即同時遇到母親去世，與妻子分居的雙重打擊。同時，海王星衝突相月亮時，當事人要特別小心口服用藥物，此時人體很容易對麻醉品上癮，有人即在此階段染上了安非他命毒癮，也有人因誤服過敏藥而中毒昏迷，因此千萬不要隨便服用非經醫生處方的成藥。

海王星推進本命水星的相位

合相（0度）：海王星專尚模糊、朦朧，而水星要明白清楚、邏輯分明，因此當海王星合相水星時，水星會如同置身於濃霧中而困惑，因此如果當事人沒有意識到此時水星的茫然，而過度信任水星的判斷，反而容易犯下「自以爲理智其實糊塗」的錯誤。因此在這段合相時間，最好不要貿然做出任何商業或現實事務的決定，而且要特別小心海王星的蠱惑伎倆，會讓水星自欺欺人。但是如果當事人清楚這個合相的性質，在此時反其道而行，專門追求一些虛無飄渺的思考，如詩、玄學、神祕主義，海王星反而可以提供靈感。

對相（180度）：當海王星對相水星時，當事人可能會在心智、思考、溝通、協議等事務上遭遇一些麻煩。譬如說當事人會覺得自己在這段時候很難把事情想清楚，頭腦中好像塞了團棉花似地阻塞了，同時和別人的溝通也特別有困難，要不然是自己講不清楚，要不然是別人聽不清楚，或弄不懂、弄錯了意思等等。而在商業協議上，更有可能雙方各持一詞、無法協商，因此如果在此時要做出買或賣的安排時，要特別小心錯誤，以免上當受騙，同時，也要小心自己騙自己。海王星對相水星時，當事人會忍不住像把頭鑽在沙地中的鴕鳥，特別不想看清現實，因此在此時最好不要做出重要決定。此外，此時也要特別小心身體及精神上的疲倦，當事人在此時很容易焦慮、不安，正常的飲食、運動及補充維他命特別重要。

和諧相（120度）：當海王星和諧相水星時，對創作者而言，就有如繆思天使站在肩頭上引導一樣，這是文學家、神祕主義者最需要的相位，當事人會特別覺得靈感泉湧、表達順暢。而許多文學家本命星圖中即有海王星和水星的吉相，再加上流年推進的力量，更是錦上添花、創作力大增。不過，如果當事人本命格局並無寫作、玄思的才能，僅和諧相當然不會讓人變成大作家，但卻可以讓一般人在此時較有想像力，或者突然提筆寫了些文情並茂的詩、散文、日記、情書等等。或者當事人在此時也較容易和別人做知心的溝通，當事人會覺得自己比較容易了解別人、別人也比較容易了解當事人的想法，這是一段與他人之間不會有太多溝通障礙之時。如果當事人對神祕主義、玄學有興趣，此時也適合研讀這些課程，當事人的直觀及深沉體悟的能力也有所加強。

衝突相（90度）：當海王星衝突相水星時，常常是一個人心智最困惑、迷惘之時，當事人對自己的事業、人生方向、生活目標等等此時都突然沒有了頭緒，人生就像一團千絲萬縷糾纏在一塊兒的紗線，無法理出頭緒，常常是越理越亂。有時當事人在此時會心很亂，急著想找出出口、理出方向，但常常一日一主意，卻總是行不通，或者越做決定越容易犯錯，當事人在此時最好避免做出任何重要的決定，尤其不要被突發奇想所附身，有些人在此時會寄情於神祕主義、靈異、玄奇的法術及道理，反而更讓正常的心智運作出錯，此時最好多憑「常識」，少聽怪力亂神。

在身體方面，有人在此時會有神經中樞的問題，如水星嚴重受剋，要小心不同程度的「癱瘓」。但一般情況不會這麼嚴重，也許只能過度緊張而覺得心智暫時痳痺，當事人最好在此時盡量放鬆身心，無為而治，待雲散日出，就像在濃霧中的旅人，待在原地不要亂走反而安全。

海王星推進本命金星的相位

合相（0度）：當海王星合相金星時，當事人最常陷入一種心馳神搖、迷離夢幻、癡心著魔、神魂顛倒的愛情嚮往或戀愛事件之中。由於海王星帶來的是強烈的「美麗的幻覺」，因此當事人對待愛情的方式，往往像藝術家一般，可以將或許粗糙醜陋的材料「變成」美麗的事物，因此戀愛中的人們能將或許不那麼美麗、眞實（或許還有很多瑕疵）的戀人變成最迷人的對象。而常常如果這樣的愛情幻覺不曾實現，也許美夢還永遠不會破碎，但假如當事人眞的和愛情幻覺朝夕相處了，卻往往是無限失望與心碎之時。

海王星編織夢幻的力量，會使我們愛上不能愛的人，愛上不該愛的人，愛上無法回報我們愛的人……。有人愛上了已婚者、奉行宗教獨身的人、酒鬼、醉鬼、失意者、受害者、夢想家、只愛藝術不愛人的對象等等。海王星的愛很少有美好的結局，海王星之愛是暗戀者、失戀者之歌。不過，如果當事人有藝術的才能，海王星合相金星造成的情感的夢幻與破碎卻常常成爲創作強大的動力來源。

對相（180度）：當海王星對相金星時，最常常出現在充滿欺騙的情感關係中。當事人有可能扮演的是海王星的一方，蠱惑著金星愛上了他，但海王星卻不願意屬於任何人，而繼續像海中羅勒萊女妖一樣唱著愛的幻歌繼續吸引他人。這時海王星扮演的可能是已婚者，或三心兩意的愛人，但海王星一方甚至不自覺自己的不忠，他只是不能抗拒愛的呼喚罷了，他需要更多的愛，就像人們需要陽光、空氣和水。除了扮演海王星愛人之外，當事人也可能扮演的是金星的一方，受到海王星最美麗的蠱惑。海王星傷人的方式常常是最溫柔的、最甜蜜的背叛，但留下最不能癒合的傷口，因爲當事人愛得如此深、如此充滿夢想，如何經得起現實的打擊？海王星對相金星，留不下值得歌頌的愛情，卻常留下最讓人掉淚的失戀詩篇。

和諧相（120度）：當海王星和諧相金星時，是浪漫之愛的原型，就像中世紀的騎士之愛一樣，只求奉獻出純純的愛，但不求佔有，只要互相欣賞知心，但不用朝夕相見。純純之愛常常是沒有肉體的性愛，彼此只是靈魂的伴侶。海王星和諧相金星時，當事人可能愛上的是某個柏拉圖的愛人，或付出的是對藝術完全的愛，或付出的是對宗教、神靈的愛。當事人只求奉獻，卻不在意回饋，因爲只要能讓愛充滿內心，卻已經是世間最珍貴的擁有了。海王星和諧相金星時，當事人會對生命、靈魂、世界之美有著較深的敏感與接收性，這段時間越親近藝術（音樂、繪畫、文學），所得到的快樂就越豐富，千萬要好好把握這段時間，少讓世俗的牽絆影響了心靈和美與愛的擁抱。

衝突相（90度）：海王星衝突相金星時，是人際情感關係最容易出現問題之時，通常在此時對未婚者而言，非常有可能愛上他人的配偶，而捲入三角戀情；對已婚人而言，則有可能是經歷自己或配偶的背叛。但由於海王星的朦朧不清，在海王星衝突相金星時發生的情感不忠與欺騙，比較不容易為他人所發現，不像冥王星的衝突相通常一定會眞相大白，有的海王星衝突相金星的外遇或苦戀可以維持好多年都無人知曉，除了三角或多角（海王星的背叛有時是連環套）的情愛關係之外，海王星衝突相金星時，有時當事人爲愛犧牲的方式是愛上了一些邊緣人。在我看過的星圖中，有人愛上了監獄的囚犯、有人愛上了賭徒，有人愛上了酒鬼，還有人愛上了毒癮犯。愛上這些人當然是自找麻煩，當事人往往得在關係中受害，然而爲情感揹負十字架常常是海王星衝突相金星時無法抗拒的命運。

海王星推進本命火星的相位

合相（0度）：當海王星推進火星時，當事人常會產生一些奇怪的感覺，覺得不管努力做什麼事，事情好像都不會如預期一樣得到應有的回饋。尤其當事人如果越努力，反應就越令人洩氣，有時會像是一個重重打擊的拳擊手，以爲會打到沙包，結果一拳卻打到棉花團，根本使不上勁。產生這樣的現象，是因爲火星的力量來自原我的驅策力，但海王星卻是標榜無我的，因此個人如果自我意識越強、自我欲望越積極，海王星的力量就常會導致令當事人覺得挫敗、失望。因此在此段時期，當事人並不宜爲自己的利益打算，否則反而會收到反效果，如果當事人抱著無私的精神，也許會使行動容易些。

此外，有時在海王星合相火星時，當事人會特別覺得疲倦不堪，缺乏體力、精力去做事，其實這樣反而好，當事人不必爲此喪氣。因爲這種狀況並不會一直持續下去，有時人變懶了或不想動，不一定是壞事，也許還有更高的精神意義，讓人少些俗務的野心，才能專注心力於精神世界的體會。

對相（180度）：海王星對相火星時，當事人要特別謹慎，尤其不要訂定任何的膨風計畫，以免計畫越大，失敗也越大。海王星對相火星時，當事人要不自己從事欺騙的行爲，要不被他人設計成爲騙局的受害者，因爲海王星有一張善欺瞞的臉，會讓當事人昧於眞相，而大膽放肆地行動。因此要特別小心此時涉入的新計畫，尤其是做生意、理財、投資等等要特別當心。

有的時候，海王星對相火星時，會使人特別容易在「性事」上隨便及受騙，不管是女是男，都有可能在此階段糊裡糊塗和他人發生關係，而最糟糕的是當事人往往身不由己，好像不知道如何拒絕，這種並非出於「自主」、「自覺」的性解放往往日後帶給當事人不少心理的困擾。在身體健康方面，當事人在此階段常常會覺得疲倦、軟弱、力不從心，要特別小心各種傳染性疾病的感染，因爲當事人的身體防禦能力正處於低潮。

和諧相（120度）：海王星和諧相火星時，由於海王星夢幻及虛渺的特質，即使有火星充沛的精力相助，也不利於現實衝鋒陷陣及大肆表現，此時較適合的工作是非利己的，譬如說慈善的、宗教的、靈性的或藝術性的參與。當事人在此時會變得較爲敏感、有同情心、喜歡幫助他人、關心人類的靈性發展，較願意親近精神性的教導及啓示。在我看過的星圖中，有人在此時開始翻譯新時代（New Age）思想的書籍，有人加入保護動物協會，有人爲老人院做義工，有人常去佛寺打禪七等等。當事人的火星行動，都不再只限於生存本能的競爭，而投射在較高的精神目標中。

衝突相（90度）：海王星衝突相火星時，常常是許多人生命的低潮。尤其對那些過份看重自我表現、個人成就的人而言，這段時間常會經歷一些外在事件的阻礙及挫折，讓當事人覺得自己成了失敗者，而開始懷疑自己的能力。覺得自己不再是那麼能幹、有效率、頂天立地的人，反而變得渺小、無能、喪氣，造成對當事人自我形象極大的打擊。

有些人會不滿於這樣的處境，而想大力抗拒，往往會訂更多的計畫、參與更多的活動，卻一再使事態更嚴重。此時較明智的應對之道，是要採取暫時退隱的方式，不要強求、不要不甘心，接受生命的低潮，儲備精力而不耗散精力。當事人在此時的身體狀態也是處於低點，容易生病及舊病復發等等，根本不宜冒進急躁，越甘於平淡越能明哲保身。

海王星推進本命木星的相位

合相（0度）：當海王星合相木星時，當事人會對生命採取極端理想主義、正面與樂觀的態度，而這種態度如果用在慈善工作、公益事業、宗教追求、藝術表達上倒無妨，當事人會比別人更願意「夢想不可能完成的夢想」，而帶給人世更多瑰麗的奇想與夢幻。但是，如果當事人用這種態度去處理俗世，也有可能惹來大麻煩，當事人會太樂觀了、太理想了、太正面了，以致根本看不見事情的缺陷與盲點。尤其在財務處理上，當事人在此時要特別小心，尤其是長時間的投資，更要小心，免得誤入錢坑，脫不了身。

對相（180度）：海王星對相木星時，當事人很難實事求是，腳踏實地，當事人會彷彿腳踏在雲端上，腳底輕飄飄地卻又覺得自己高高在上，尤其是從雲端上往下看俗世，更覺得得自己與衆不同、高人一等。當事人在此時會被過度美化的期望、不實際的理想、膨脹的自信所籠罩，這種態度如果反映在慈善工作上，就會成爲那種把慈善做成施捨的人；如果反映在宗教追求上，當事人就會變成把衆生看得比自己低下的信徒；反映在藝術創作上，則會讓藝術家變得過於高傲、自以爲了不起；反映在商業財務上時，則可能造成那種樓起樓塌的生意冒險家。總之，在海王星對相木星時，當事人最要小心不要被自己過度的自信所欺，也不要被他人、外在的「假相」所惑。

和諧相（120度）：當海王星和諧相木星時，確實是對人生抱持較正面、樂觀、理想的態度之時。因爲此時宇宙較高層的正力以和諧的方式運作在個人星圖之中，帶給當事人眞正的順利、好運與平安。當事人在此時會感受到奇特的自在與自信，但又不至過份強調這種自在、自信，而是以溫和、謙然、平淡的方式表現出。當事人在這一階段，適合從事慈善、公益、宗教、藝術的工作，當事人有信心把美好帶給世界，而世界也將回報以美好。但是這個時期仍不宜從事純粹利己、世俗、物質的追求，海王星很少會帶給當事人世俗的滿足的，卻會帶來超俗的滿足。

衝突相（90度）：在海王星衝突相木星時，當事人往往過度樂觀、興沖沖、急躁好事，總想在某些事情上大顯身手，大張旗鼓，然而此時當事人對事情的判斷卻往往會失之於大意。當事人只會看到事情的明亮面，而看不到陰影，只想到好處，卻忘了壞處，許多人會在海王星衝突相木星時，抱著一夕致富的念頭投資，但結果卻負債累累，有人會在此時貿然推動一些龐大的計畫，卻以慘敗收場。也有人在此時雖然不涉及俗世的投機，卻可能會過度沉迷於脫俗的世界，而棄現實於不顧，讓精神、宗教、藝術的象牙塔成爲個人的迷宮。但是要注意，現實並不會因此而照料自己，使得這些人往往在現實上出現許多大漏洞。

海王星推進本命土星的相位

合相（0度）：當海王星合相土星時，和土星合相海王星時的意義有很大的差別，由於海王星的力量是消溶、夢幻，土星卻相反，土星的力量是鞏固、現實，因此當土星合相海王星時，還有可能讓夢幻成眞，但在海王星合相土星時，卻是讓現實成夢幻。除了特別有佛心的人而言，一般俗世中人是很難接受現實的消逝、瓦解的。因此海王星合相土星時，常讓很多人痛苦，有人在此遭逢家庭經濟出狀況，無法再依賴他人養家活口過日子；有人婚姻出問題，覺得從此孤立無援；有人事業瓦解，頓時失去人生目標……。

海王星合相土星時，許多人會經歷很深的失落感、沮喪、憂鬱、自卑、恐懼，這是心靈的黑暗期，但對於較有靈性的人而言，這個時期的黑暗，卻往往是靈性光明期的前奏，許多人由於經驗了現實的夢幻與失落，而眞正體悟出金剛經中「如露亦如電、如夢幻泡影」的人生眞諦。海王星以極其怪異的方式摧毀了現實，但卻也帶給少數人超越塵世的悟道。

對相（180度）：海王星對相土星時，現實與夢幻彷彿是兩條不同方向的道路，彼此越行越遠，許多人在此時會覺得自己的人生有如被兩股相反的力量拉扯，各自有各自的目標，只剩下當事人置身其間覺得錯愕、矛盾、分裂。而最糟糕的是由於海王星夢幻迷惑的特性，很多人在此時會陷進一種置身其迷霧中的恐懼，又覺得有奇怪的命運在其後追趕，而眼前卻彷彿是斷崖深谷。

在我看過的星圖中，有個女孩在此階段一直被強烈地幻聽症搞得身心靈俱疲，有個老年婦女陷入失憶症，有個中年已婚男子對肉體親密充滿恐懼，這些奇怪的心理、生理症狀都是海王星對相土星可能發生的問題。也有人在此時開始受慢性病症的侵擾（如柏金森症、類風濕關節炎等等）。總之，不管是生理、心理的不適，都來得莫名其妙，覺得是被命運的魔杖不幸打到，當事人在此時最好能接受心理的治療或靈療，因爲海王星對相土星的問題不是三言兩語的俗世法能解決的。

和諧相（120度）：當海王星和諧相土星，是靈性之路最光輝、美好、昇華的時刻。當事人如早有宿慧，此時是踏上求道的好機緣，當事人如果早就累積了不少現世修行，此時則是成道的好因緣。海王星和諧相土星，最適於完成精神、宗教、靈性、神祕主義的成就。當事人能夠很自然地將崇高的智慧在現實中施行，也能提昇現實至較理想的境界，當事人能讓現實與夢想成爲互相合作幫助的伴侶，不再是競爭對抗的死敵。同時，由於當事人無私地奉獻精神，也自然地吸引了很多人的追隨。在海王星和諧相土星時，當事人如果心中沒有理想志業，就太浪費了這個宇宙賜福的機緣。

衝突相（90度）：在海王星衝突相土星時，常是當事人特別焦慮、不安、恐懼、迷惘、茫然的時候，有時候這些感覺會被過份誇大，使得現實顯得更爲糟糕。當事人可能會突然覺得自己很無能，無法處理好自己的工作、財務、生活、人際關係。在我看過的星圖中，有人在此時覺得工作負荷過重，經常爲自己在工作上的表現不滿及自卑，有人把財務處理得一塌糊塗，借出去的錢通通收不回來。有人在人際關係上逆來順受，任憑丈夫、妻子、上司等無禮地對待。總之，在海王星衝突相土星時，當事人的自我及現實都彷彿在搖搖欲墜的狀態，無法提供當事人安全感，在此時最好不要太過憂慮，有時只會使事情顯得更負面，盡量保持樂觀精神，相信總有雨過天青之時。而的確，海王星衝突相土星最長也不過兩年多，就當這個階段是人生的低谷，總有熬過去的一天。

海王星推進天王星的相位

合相（0度）：由於目前天王星移動的速度比海王星快，海王星合相本命天王星的現象並不容易發生，在本世紀中只有出生在二十世紀初期的人，才有可能在一九七〇年、八〇年中葉分別遇到兩次（由於海王星逆行）合相，其餘的人都遇不到。對這些生於世紀初期的人而言，七〇年代、八〇年代是全球社會、經濟、政治、科技急速變遷的時候，有人也許會覺得人生無常又虛空，自己已經跟不上時代了，有人也許才覺得生命充滿理想與變化，而想趁著晚年好好再經驗生命的豐富。海王星合相天王星帶來的宇宙力量非常的微妙，需要當事人精神及意識的高度參與，才能享有更高境界的體悟。

對相（180度）：海王星對相天王星時，彷彿有一場意識革命在腦內進行，當事人如果可以保持高度開放、彈性、理想、敏感的特質，才好應對這時宇宙高頻率對當事人的通電，如果當事人完全沒有意識拓展、覺醒的準備，則在這段時候可能會變得很混亂、不安、迷離。由於海王星對相天王星時，當事人會很自然地受到一些天啓，因此素來對占星學、靈學、神祕主義有所研究的人，此時比較能適應這段時間精神、意識的波動，當事人會產生不少直觀與諦悟，但這些意義的轉化卻也需要生活方式的轉化來配合。有人會在此時不得不放棄原有的工作、家庭、人際關係的舊模式，對還未準備好的人，自然會引起大量的不安與失序，當事人必須有心理準備，最好早就做好準備。另外不要在此時給予自己太多俗世的責任，因爲當事人將很難履行這些責任的。

和諧相（120度）：在海王星和諧相天王星時，當事人的意識能力將有很大的突破，彷彿拿著高倍望遠鏡看世界一樣。當事人可以看到更遠更寬的事物，尤其是那些不容易見到的事物，對於有科學、新科技、靈學、玄學天份的人，此時是增廣見聞、努力學習的好時機，當事人的心智、思考、直觀、體悟的能力會大幅加強，我自己即是在這個時候開始對占星學和神祕主義大爲心儀（一九七八年左右），雖然還未眞正走上尋道之路，卻在此時種下了靈性的種籽。有的人則會在此時突然具備了某種神通——如天眼通、耳通、意識通等等，這些神通其實是爲了讓當事人了解宇宙訊息的多變和幻化，執著於神通不如超越神通，直達靈性通悟。

衝突相（90度）：在海王星衝突相天王星時，對許多人而言，將是意識上十分動盪、混沌、迷幻之時。當事人會覺得現實好像變成破碎的臉，而且不只一塊，而是好多張破碎的臉，都和當事人照著面，但當事人卻認不清哪一張才是原來的臉，或者哪一張才是該撿起來的臉。如果當事人並無靈性的追求，在此時遇到的問題常是生活中某些事情都走了樣，尤其是很多殘酷的眞相會突然揭露，讓當事人發現自己一直相信的人、事、眞理，原來都不足採信，當事人會覺得自己根本無能掌握眞相了。如果當事人正從事靈性或修行的功課，要特別小心這個時候的修道（尤其是冥想、打坐）是最容易遇到的「魔障」的時候，許多幻聽、幻視、幻覺都可能在此時出現，千萬不要誤入魔障而不自覺，要隨時保持清明心。

海王星推進本命海王星的相位

合相（0度）：由於海王星運行速度緩慢，平均在每一星座約爲十四年，因此除非出生後因海王星逆行而回到合相本命海王星外，大部份的人都不會經驗這個現象。除非人類越來越長壽，如活到上古文明如彭祖之歲，才有可能經驗此合相。至於因海王星逆行而合相本命海王星的人，則要特別留意海王星的宮位及其他行星的相位，因爲海王星逆行常會導致一些奇怪的心理、生理現象，對初生的嬰兒可能會有不良的影響，日後即可能需要「追溯嬰兒期記憶」的治療。

對相（180度）：海王星對相海王星，只會發生在當事人年過八十歲之後，即所謂高齡晚年期，在現代社會，由於長壽人口逐漸增加，因此活過八十歲的人比過去要多了許多，也因此如何安度晚年及維持高齡生活品質，也成爲當今重要的社會問題。而當海王星對相海王星時，也各有正負不同的力量，正面的力量是提供人類靈性覺醒及成熟的機會，海王星幫助當事人在意識上脫離世俗、進入虛無飄渺的神聖之境，當事人在晚年時，如果一生累積了足夠的智慧，此時當然可以較輕易地放下執著，而與天地精氣共鳴。但是，海王星對相海王星的負面力量卻可能是靈性的墮落與沉淪，當事人可能因這一世累積了太多的無意識的壓抑、逃避與迷惑，而等到肉體衰老了，精神也渙散時，當事人靈魂中的不安起來佔位，讓許多老年人在晚年陷入心智昏瞶的狀態，海王星對相在此扮演了讓靈魂混淆、錯亂、迷途的力量。

和諧相（120度）：海王星和諧相海王星時，約莫發生在當事人五十五歲左右，這是宇宙力量很有意思的設計，因爲海王星的週期有一定的規律，當事人在生命的不同階段都有不同的重點功課。在年少時，大部份的功課是和個人生存、成長有關，及至成年中年，又多以個人成熟、生殖的責任爲主。對大部份而言，靈性的體會多半只能當成生命的點綴，而不能當成重心，及至五十多歲時，生命力已經開始在走下坡路了，許多的責任已了，而眼前將是面對退休、老年的關口了，在這個時候，回顧一生，當事人多半已有了不少的生活經歷，足夠用來沉思體會生命的眞諦了。在此時海王星和諧相海王星，即像是替心靈打開了一扇窗口，讓行走至此的生命旅人能暫停下來，看看心靈世界的風景。如果當事人在此時能夠多學習和靈性覺醒、精神昇華、宗教體悟有關的功課，將會對當事人迎接老年的生活有很大的幫助。要成爲智慧老人而不是愚昧老人，不能不留意海王星和諧相海王星時，是否好好把握了此時提昇靈性的機緣。

衝突相（90度）：當海王星衝突相海王星，其實正是讓當事人經歷所謂「中年危機」的原因。許多人對中年危機這個名詞很熟悉，但卻不太明瞭中年危機眞正的定義爲何。有些人會以爲中年危機從三十五歲到五十五歲都可能，這些錯誤的看法乃是因爲一般人都不明白所有人類的「心理危機」，都和星辰運行交錯相會的相位有關，星辰是人類個別、集體意識的象徵，星辰力量的衝突自然導引出人類集體無意識的衝突。

在海王星衝突相本命海王星時，多半發生在當事人四十歲至四十三歲之間，當事人處於生命中途，回首過去，許多人都會有不少的悔恨、遺憾、歎息。海王星總是讓人們充滿理想與夢幻，宣示著不易達成的美好願景，但大部份的人都很少過著這樣美好的人生。反之，在土星代表的宿命之中，人類總是活在無窮的重擔、限制、責任、煩苦之中，海王星衝突相海王星時，讓心靈能再次做夢起來，人們不甘一生就這麼到了中途，卻好像什麼夢想也沒完成，於是人們變得煩燥心亂、迷惘，當然這些情緒也會帶給生活負面的影響。人們可能對工作、婚姻，甚至自己的孩子都厭煩起來，有些人也就眞的拋下一切去追逐自己的夢想了，而偏偏此時人們並不能認淸眞相，往往尋求的夢仍是假相，甚至比現實好不到哪裡去。在此中年危機時，是可以有尋夢的心情，但並不適合行動，這是一段沉潛期，而不是猛進期。當事人最重要的是要和自己內心對話，尋待好時機去完成夢想，但不宜在此時躁進。

海王星推進本命冥王星的相位

合相（0度）：從一八九〇年後，由於海王星已超過冥王星，並且運行速度較快，因此海王星在本世紀內不會合相本命的冥王星，因此不在此書的討論範圍內。

對相（180度）：對目前世代的人們而言，當海王星對相冥王星，差不多都在當事人六十歲左右時，這是當事人已經歷過兩次土星的循環（五十九歲）後，而開始另一個階段的生命考驗，中國人所謂的「人生六十才開始」，也許可以用做這個階段的寫照。在六十歲以前，大部份人們過著都是「人在江湖、身不由己」的生活，從童年開始，大都受父母提供的生養環境的影響，及至青年、中年，也都必須適應社會對做人所提出的各種要求，而壯年期又是養育自己的家庭及承擔照顧父母晚年生活的責任，大部份的人們在生活中分配給自己的時間都少得可憐，因此常常活得很表面，很少人能眞正活出自己潛意識需求的。而在海王星對相冥王星時，這兩顆難解的外行星，都隱藏著許多宇宙生命底層的奧祕，海王星象徵宇宙高層的混沌天地，充沛著原始幽微的生命力，而冥王星象徵著宇宙極致的生滅世界，是一切創造毀滅及轉化力量的源頭，當海王星對相冥王星時，兩股力量可以相互排斥，也可能相互對應，關鍵即在於當事人是否能進入較高等的精神次元，和宇宙本質互通訊息。如果能做到這點，在海王星對相冥王星時，當事人可能會在精神、靈性的成長、淨化上有著極大的突破，人們可以在此時期向「完人」之境而行。

但如果當事人仍然昧於俗世法則，根本不盡心力呼應生命底層的奧祕，則海王星對相冥王星時也可能變成很混亂不安的時期。海王星讓當事人困惑生命的虛無，冥王星讓人們恐懼生命的毀壞，而人們就像風中之塵一樣，飄浮於天地無所適從。

和諧相（120度）：當海王星和諧相冥王星時，是人們追求心靈淨化與靈性成長的好時機。但由於海王星、冥王星的力量有如埋在地底的礦脈一樣，需要有心人去深究，才能真正覓得海王星、冥王星豐富的資源。對一般芸芸眾生而言，有時經歷像海王星和諧相冥王星這樣珍貴的時機時，卻不能專心迎接宇宙豐沛的能量，因此有時只是讓這些能量在生活的表面飄浮而過，也許「產生」了一些外在可大可小的事件，但事件來來去去容易忘記，若無意識的拓展與參與，這些宇宙能量是無法進入生命本質的核心，而造成人們徹底的轉化，真是可惜了宇宙賜給每一個人類的進化能量。

因此，在海王星和諧相冥王星時，在表面的生活中，當事人會發現自己突然有很多機會可以「聞道」。一些由於心靈革命、靈性轉化之類的訊息常常在人們生活中出現，有時人們和各類宗教、靈修團體的緣份突然增加了許多，也許有些人還會跟隨一些上師，這些都是契機。然而不管是書、法會、教堂、廟宇、上師等等，都只是包容道的方式，但不等於道。如果當事人不自己親身進入道，是不會眞正悟道的。

衝突相（90度）：海王星衝突相冥王星時，就像內心火山開始大量噴發出熔岩一樣，夾帶了強大的摧毀力量。

從宇宙生命力的觀點來看，成住壞空、生老病死、創造毀壞本身並無善惡好壞高低之分，只是生命力必然的展現，所有的生命力都是朝向更高的宇宙進化目標，因此和諧相、衝突相、對相、合相等等力量，都是宇宙進化必經之道。在海王星衝突相冥王星時，人們就是必須面對自己生命底層的、來自海王星的原始、神祕、幽微、黑暗的渴望、衝動，同時在冥王星極端的力量下以摧毀的形式表達出來，許多人在此時會經歷強大的憤怒、挫折、對立、貪欲。這些負面的力量都有其根源，而且早就隱藏在當事人心中，只是此時經由內心火山的爆發而浮現。當然每個人內心的火山大小不一，有人火山爆發時驚天動地，有人則靜悄悄的。不管如何，當事人在此時一定多少知道自己正經過什麼樣的心理煎熬。許多人都不高興自己在此時所發現的「內在魔性」，但不了解魔如何降魔呢？這就是海王星衝突相冥王星的正面意義。

PART 3

外行星推進相位演出生命歷程的情節

13 冥王星
相位的創造和毀滅

冥王星合相金星時，帶來非常強大猛烈的情感暴風雨，而通常暴風雨的中心是愛情，尤其和激情性愛最有關聯。就像坐雲霄飛車一樣地從高處往下墜，跌到最深、最黑暗的本能世界，經歷了所有激情負面的力量。但在同時，卻也有種特別清明之感，能看清自己許多模糊、隱藏的本質，在極端黑暗之中仍有點點星火，在愛與死亡之間讓人類發現更深刻的原我。

冥王星推進本命太陽的相位

合相（0度）：當冥王星合相太陽時，冥王星強大的創造力與摧毀力將對個人的自我意志造成極大的影響，如果本命太陽的相位不錯，當事人在此時會特別地努力以求達成一些目標及野心，而通常在此時的成就都會使當事人有種脫胎換骨之感。在我看過的星圖中，有人在此時將力量表現於身材的塑造上，在一年之中瘦掉了二十公斤；有人表現於事業上，在很短的時間內將一個公司由無至有至大爲成功；也有人表現於人格的轉化上；有人在此時戒毒、戒酒成功；也有人經歷深層的心理改變，從一個瀕臨崩潰邊緣的人重新找回生命的目標。

總之，冥王星合相太陽時，帶來的除舊布新、由無至有的力量，可以讓當事人煥然一新、重頭做人。然而，別忘了冥王星也有摧毀、滅絕的力量，如果太陽相位不佳，當冥王星成合相時，有的當事人會受冥王星負面力量強烈蠢動的影響，也有些人會特別受生命中黑暗事物的吸引，如金錢、權力、性欲的病態表現。這些人會情不自禁地讓自己走上絕路，爲宇宙中毀滅的力量所控制，這些人不能成爲冥王星創造力量的主人，卻成了冥王星毀滅力量的囚犯。

對相（180度）：冥王星對相太陽時，由於冥王星在乎的是控制他人的權力，但太陽強調的是自己當家做主的權力，兩者相對，一定會爆發權力衝突。而許多人在冥王星對相太陽時，也深刻嘗到人際關係中的鬥爭。通常衝突的對象可能是父親、丈夫（對女性而言）、上司、政府官吏、警察等等。總之，對方都具有某種宗教、父權、私權、公權，能夠凌駕當事人。通常當事人都不甘於乖乖聽話，但當事人越反抗，權威卻越鎮壓，雙方當然水火不容。

在冥王星對相太陽時，當事人的個人野心、欲望本來就特別高昂，當然不想受他人干預，但偏偏老是有人阻擋在路，讓當事人深覺受挫。不過，在冥王星對相太陽時，當事人本來就不容易全贏，而且越是硬鬥、麻煩越大，因此在此時避避風頭、退一步路反而可以保身，何不等到時機於己較有利時再為自己爭權。

和諧相（120度）：當冥王星和諧相太陽時，通常象徵了當事人已經跋涉越過了重重高山，如今到達了較好走的平面，許多人在此回顧前塵，不曉得經過了多少險阻、重擔、挑戰，如同「過五關、斬六將」，而當事人都一一克服了困難，如今終於來到收穫豐碩成果之時。

在冥王星和諧相太陽時，當事人彷彿是已經經歷過勞其筋骨，如今天降大任了，當事人被賦予了實權，但卻不必面對他人權力的挑戰，而一般人也對當事人的權威很信服。如果當事人心中的目標是大事，而不是只想做大官，此時是到了可以好好做事、一展長才的機會了。許多人在此時會在事業上獲得高升，也隨之擁有大權，當事人會覺得許多從前覺得困難的事，如今做起來都容易多了，而對於過去不太有自信的人，在此時也都變得有自信、有決心。這一段時間前後約兩年多，當事人最好提早做好準備，以迎接這個大展鴻圖、人生躍昇的好機緣。

衝突相（90度）：在冥王星衝突相太陽時，當事人經常是掌權也有權之人，但卻有許多不服氣當事人的權威而不斷與之對立、挑戰，更加強了當事人的防衛心與攻擊性。在這段時間中，當事人會經常處於強大的權力鬥爭與衝突中，偏偏當事人自己也很霸道、獨斷、專權，因此更加強了這場權力戰爭。當事人如過份消耗精力，會造成身體不少的問題，尤其像高血壓、心臟病等等和情緒激動有關的疾病，那是因爲當事人錯用了冥王星負面的力量，使得人際關係和自己的身體都受不當力量所侵害。當事人最好要好好檢討，有時心中放下權力的屠刀，反而容易讓自己活、讓別人活。在人性淨化的天梯上，自我控制的權力永遠高於控制他人的權力，而尊重別人權力的人，別人也將尊重你的權力。

冥王星推進本命月亮的相位

合相（0度）：冥王星合相月亮時，可能對一個人和家庭及母親、妻子、姊妹、親密的女性友人的關係造成很強烈的影響。在我看過的星圖中，有人在此時喪母，有人和妻子分手，有人不可救藥地愛上了一個已婚的婦人，有人的姊妹正遭遇嚴重的心理危機，有人在此時離開原本的家而遷居國外，有人的家因失火而嚴重毀損只好重建……。以上這些例子，都是較嚴重的現象，通常和月亮也嚴重受剋有關，在一般的情況下，事件也許相似，但要溫和許多。譬如有可能只是母親重病或和妻子感情發生危機、爲某人痴迷但未眞正發生關係等等。而這些現象在冥王星離開合相月亮後，也許母親就康復了、和妻子也和好了、也不再爲情痴迷了。總而言之，冥王星合相月亮，經常會帶給情緒、情感極大的衝擊，當事人的內心絕不平靜，人們在此時會有更多機會發現自己可以愛得更深、恨得更強、哭得更多。對於喜歡活得盪氣迴腸的人，冥王星合相月亮時絕對會有精采的人生戲劇。

對相（180度）：在冥王星對相月亮時，性、權力、金錢的戰爭常發生在最親密的人之間，而其中必有一方是女性。在我看過的星圖中，有中年男子因外遇和妻子鬥得死去活來，有新婚男子因母親強行介入他和妻子的關係而鬧得雞犬不寧，有一位女子和最好的朋友爭奪男友，有繼母和前夫的兒子爭奪遺產，有離婚夫婦爲分財產大鬧法庭……。這些不愉快的事件，都和人類原始本能的佔有欲、權力欲、生存欲、性欲有關，當事人在互相對立時，都會帶出強烈的情緒緊張，同時大量混合著憤怒、罪惡感、嫉妒、仇恨等等負面的激情。

冥王星對相月亮時，最容易引發人類內心潛藏的「不安全感」，這可以從原始人類在叢林中躲過野獸捕殺的不安全，到童年缺乏足夠的愛、金錢、信心。因爲不安全，所以一遇到衝突，當事人的反應就自然歇斯底里。冥王星對相月亮時，也是最能看出人們殘存的獸性的力量有多大了。

和諧相（120度）：冥王星和諧相月亮時，對當事人情感成長及情緒發展的成熟有著相當正面的影響力。有些人在此時會遇到一個重要的女性，而對其情感人格的演化產生十分有創造性的幫助。這樣的關係未必一定是愛戀的，也可能來自母親、姊妹、姑姨等女性親友，或來自女老師、女性鄰居、女上司、女同事、女性友人等等。總之，某些重要的情感課題（私人的、人類的）會因爲某位女性的引導而有深刻的體認。

在我看過的星圖中，有位男性音樂家即在此和諧相時，受某位女老師的啓發而強烈地和音樂結下了不解之緣。有位女孩因某位女同學的引導而走上了文學創作之路，還有一位年輕男性受過世母親的影響，決心到偏遠山區行醫救人。在冥王星和諧相月亮時，人們能昇華人類的原始本能，而發展出較崇高、光輝、進化的人性情操。

衝突相（90度）：冥王星衝突相月亮時，最關鍵的情緒就是「執迷」，當事人也許執迷於一段過去之情、一段無望之愛，一段非份之想。在我看過的星圖中，有位已婚中年男士在此時與初戀女友相逢，卻情不自禁地又愛上了這個曾拋棄他而去的人，但他對原有家庭的責任又令他充滿罪惡感。還有一位中年女士在此時，不知爲何地和鄰家一位少年相戀，但現實環境、理智當然都不允許她發展兩人的關係，但她卻也一時無法放下心中的迷戀……。這些都是冥王星衝突相月亮的典型情境，人們在此時最容易受死去的、過去的、童年的，甚至前世的情感所騷擾，當事人的執迷也都混合著強烈的不安，但卻仍然難以掙脫。在這段時間中，當事人最好能靠自己，或找專人做一些心理分析及治療的活動，以讓潛意識的幽微情結得以抽絲剝繭，否則光靠理智、意志去控制情緒，實在很難讓當事人走出情感的黑洞。

冥王星推進本命水星的相位

合相（0度）：冥王星推進水星，對當事人而言，是心智發展、進展的一個非常重要的階段，許多人會在此時經驗到自己的意見、觀念、思想正在做急速改變和轉化。極少數的人則在此時從事改變、轉化他人意見、思想、觀念的工作。不管是受教或教導他人，心智的溝通、交流將是此時重要的生活基調。由於冥王星具有深沉、隱藏、祕密的特質，因此這段時間的心智活動絕不是一般的泛泛之談，而是較嚴肅、深刻、沉潛的探索與研究，當事人若對心理學、社會學、政治學、犯罪學、靈學等有興趣，此時知識將大爲進展。如果當事人已經在某些行爲有所成就，這個時期將是當事人影響力與成就突飛猛進之時。但在隨著影響力而來的，必然有權力的爭議，當事人必須懂得善用自己的力量，爲事情的眞相而努力，而不是爲了一己的權力。如果能善用力量，當事人將較可避免引發他人的反對與鬥爭。

對相（180度）：當冥王星對相水星時，當事人將會經歷到和他人心智溝通、交流的極度困難。問題的根源將在人們的自我中心，每個人都堅持自己的意見、觀念、思想是絕對正確的，不容他人的反對，只要有反對的聲音，就認爲自己的權利受損，立即從事思想、意見的鬥爭，把自我的重要性放在本應當「客觀的論道」之上。

冥王星對相水星，較容易出現在一些「總有人堅持自己是絕對正確的」的領域上，如宗教教義之爭、政治立場之爭、哲學流派之爭。思想已經取代了劍，成爲人們互相砍殺的工具。在此階段，冥王星發揮了負面的力量，以偏執、激情、著魔般的生存原欲俘虜了本來是信差的水星，不准雙方通風報信，而只准一方發號施令。冥王星對相水星的負面癥結即在於心智權力的誤用，當事人在此階段最需要學習冥王星的正面轉化力量，不要老是想毀滅別人。想想自己是否也應當毀滅、除去自我的偏執以重生。

和諧相（120度）：冥王星和諧相水星時，是心智活動十分激烈、活躍、敏銳之時，當事人適合在此時學習或教導，當事人絕佳的心智在此時有如海綿一樣，可以大量而有效地吸收各種知識，而且轉化成非凡的見識。當事人在此時適合從事寫作、演講、研究、偵查等需要心智大量投入的工作。而心理學、犯罪學、社會學、政治學、靈學、地質學、礦治學等等是最適合心智探索的領域。

在這段時間內，由於冥王星發揮的是正面的力量，因此當事人的成就及影響力比較容易受到他人的肯定，而不會有無謂的權力鬥爭夾於其間。而當事人所發掘出的「隱藏知識」，將帶給社會很正面的改革與轉化的正面力量。這是用心智貢獻社會的極佳時期。

衝突相（90度）：當冥王星和水星衝突相時，當事人經常會經驗到自己的意見、觀念、想法和周遭的人、事、環境格格不入，因此爭論不休、衝突連連。有的時候當事人是專制獨斷的意見人士，不肯接受別人看法的挑戰，堅持要以一己的想法爲王，動輒和別人爭吵不休，有的時候當事人是別人專制獨斷意見的受害者，永遠有人以高八度的權威聲音壓迫當事人照著命令行動。不管是哪一種，當事人此時都飽受冥王星負面權威力量之害，人與人之間合理開放的溝通管道被權威的水泥阻塞住了，思想變成僵化的容器，不再充滿活潑生動的力量。除了和他人意見的紛爭外，有些當事人在此時會經驗到自己成爲信仰的受害者。有的當事人可能是被某些極端信仰的教派吸收的人，致使當事人這時的思想、意見、看法都失去了自主性，而成爲他人或自己權力的棋子。

冥王星推進本命金星的相位

合相（0度）：冥王星合相金星時，帶來非常強大猛烈的情感暴風雨，而通常暴風雨的中心是愛情，尤其和激情性愛最有關聯。冥王星帶來的情感，可能是人類最原始的本能，可以是動物之間奇妙衝動的交媾，可以是愛人之間一見傾心的欲火，冥王星也可能帶來人類最豐富的激情，也許是華格納歌劇「崔斯坦與依索黛」中絕望相愛的戀人，也許是「神曲」中但丁對碧阿翠絲永恆的渴望。

在冥王星合相金星時，當事人會發現自己的性本能、欲望、激情像水庫洩洪一般地傾流而出，任何的理性、自律都無法阻止。

在我看過的星圖中，一位結婚二十年，一直在朋友圈中公認爲恩愛夫婦的丈夫，在冥王星合相金星時出了軌，而且不是逢場做戲的一時迷戀，而是長達快兩年（冥王星逆行來去三次）的狂戀。這個丈夫形容他自己就像坐雲霄飛車一樣地從高處往下墜，跌到最深最黑暗的本能世界，經歷了所有激情負面的力量，像嫉妒、背叛、佔有欲、性鬥爭等等。但奇怪的是，在欲火焚身的同時，他卻也有種特別清醒清明之感，彷彿因欲火照亮了他，他也看清了自己許多模糊、隱藏的本質。這就是冥王星獨特的力量，在極端黑暗之中仍有點點星火，在愛與死亡之間讓人類發現更深刻的原我。

對相（180度）：在冥王星對相金星時，當事人最有可能陷入兩種情境之中，第一種當事人透過他人而經歷了冥王星帶來的負面情感。最常見的是配偶的外遇，或經由父親、母親的外遇而體會父母一方的創傷。這時冥王星執迷、摧毀、強烈的激情之火並非主動在當事人身上點燃，而是由他人的力量投射而出，但當事人還是無法逃脫冥王星的情感咒語，而陷入嫉妒、佔有、背叛、欲望生滅等等的傷痛之中。

另一種方式是當事人不可救藥地愛上了一個可以控制他靈魂、可以操縱他意志的「致命愛人」，但和冥王星合相金星的狀況略有不同之處在於，在合相時，蠱惑當事人的是激情的力量，未必是對方，當事人也許是命運的俘虜，但絕對是激情的主人，勇於投入激情之火中。但在對相時，當事人卻常成爲愛人的俘虜，蠱惑當事人的，常是對象所散發出的激情之火，而他們卻成爲向火光撲去的飛蛾。而由於他們並非激情的主人，而是激情的奴隸，有時他們也會被激情玩弄，甚至也不見得嘗得到激情的果實。

我看過一個星圖，當事人愛上好朋友的妻子，當時這個令人迷惑的女人正在辦離婚，當事人不可救藥地愛上了她，而這個女人當時也擺盪在丈夫、情人及這個新加入的仰慕者之間。但是不管當事人如何爲之神魂顚倒了兩年多，卻始終並未和這個女人發生眞正的愛戀關係，他的愛只成爲激情的鏡子，唯一照映著的是那個女子的身影；其中卻沒有自己的行踪。

和諧相（120度）：在冥王星和諧相金星時，是冥王星推進的各種相位中，較不強調性愛及情愛的一種。當事人也有可能在此時正在發展一段意義深刻的情感，但這時的情感會具有較「轉化」、「昇華」的特質，因此雙方感情的基礎較不容易只建立在性的衝動及愛的迷戀，而具有較多生命共鳴、靈魂合唱的情感交流。也因此，這時人們除了男女私情外，也較容易受崇高目標的激情所吸引，例如精神性的激情、藝術性的激情等等。對藝術家而言，冥王星和諧相金星時，是當事人創造性的激情異常活躍之時，當事人在此時常會有各種深刻的感情體驗，幫助當事人更懂得如何表達人類情感的奧祕和深沉。

衝突相（90度）：當冥王星衝突相金星時，是冥王星燃起的情感戰火燒得最熾烈的時候，當事人很容易就被困在性、愛、金錢、權力各種衝突的圍城之內。比起冥王星合相、對相金星，在冥王星衝突相金星時，當事人的激情最不單純，絕對不是只有對愛的激情，還會夾雜著對金錢、權力、安全感等等的激情。當事人最有可能置身在「計畫中」的或已經發生的三角關係之內，一面想結束舊的關係、發展新的感情，一面又不願意放棄舊的關係擁有的好處（金錢、性……）。或者是當事人已經結束了過去的關係，但卻仍和過去的配偶、情人爲財產、小孩監護權等糾纏不清。或者是當事人在移情別戀之後，卻遭遇到新對象的移情別戀，使得三角關係變成四角、五角……或「十三角關係」等等。

總而言之，冥王星衝突相金星時，人際關係絕不是一本簡單的帳，愛欲糾纏、金錢糾纏、佔有欲糾纏、控制欲糾纏等，交織成一片愛恨糾葛的生命之網。

冥王星推進本命火星的相位

合相（0度）：在冥王星合相火星之時，當事人的自我能量（火星）在冥王星的引爆之下，到達了無可比擬的強度與高度，當事人如果使用能量得當，此時將是克服極大困難、阻礙，攀登生命高峰，完成艱鉅任務之時。有些人在此時會經驗到自己像神話中屠龍的武士一樣，具有超人般的強韌行動力。但如果當事人使用能量不當，則此時也有可能是當事人遭逢生命中極大的阻力及困境之時，當事人的能量如果不能合宜地發洩，則要小心冥王星的力量如迴力球一般地擊回自身。

如果火星相位極端不佳，當事人要小心在此時遭遇外在的暴力侵害，談到使用當事人能量得當與否，最重要的分別就在於當事人的自我是被權力所轉化，還是被腐化。如果是轉化的話，當事人則可將自我的能量投射出去，去達成重要的目標。但如果是腐化的話，則當事人自我會被權力的反作用力所傷害。

對相（180度）：冥王星對相火星時，這是一段困難又有點危險的時期，一則是當事人可能因自我的能量非常巨大，但由於冥王星對相引發的獨斷執迷的傾向，因此當事人被自己的力量所俘虜，因此很容易和他人發生衝突。另一個情形則更複雜，有些本性懦弱的人，在冥王星合相火星時，並無能力將自身潛藏的暴力爆發而出，卻會遇到別人將暴力施加於其身。因此在占星學的犯罪研究中，就常發現有些人在冥王星對相本命火星時，成爲暴力的受害者。而由於冥王星和性欲的關聯，因此這時的暴力也常和性犯罪有關。在我看過的星圖中，就有兩位女性在冥王星對相火星時遭受強暴。除了肉體的暴力外，心理的暴力也是冥王星對相火星時，要特別留意之事。我曾研究過一個星圖，當事人在冥王星對相火星時，因長期的心理壓力而自殺了，這就是因心理暴力而摧毀自身的例子。

和諧相（120度）：冥王星和諧相火星時，當事人會覺得自己經常處於高能量狀態，行動力激昂，也很容易去完成自己設定的目標。當事人在此時通常都會被賦予某些權力，然而別人也都會尊重當事人的權力，不會遇到無理的挑戰，因此很適合領導團隊去完成集體的目標。因此，冥王星和諧相火星，常隨之而來事業的成就、工作的成績、職業的進展等等。此外，由於冥王星具有除舊布新的特質，有時當事人在此階段也適合於從事一些復元的工作，像改建房子、整頓公司等等。在我看過的星圖中，還有人在此時重新挽回了已經破碎的家庭（和離婚妻子復合），也有人在此時失而復得過去的職位等等。

衝突相（90度）：在冥王星和火星成衝突相時，當事人最會感受到自己的意志和行動不受自己左右，有時是心理想要做某件事，但環境、局勢、他人卻偏偏不允許，只得做自己不想做的行動，使得自我非常沮喪。有時是自己違反了自己的意志去從事了某件不該做的事，而導致了自我的唾棄。在冥王星衝突相火星時，當事人要特別小心所謂「爲達目的不擇手段」這樣的情境。當事人在此時的野心、欲望特別高，使得當事人會爲了成功而付出一切代價，有時會犧牲別人的利益，有時會過度工作以致精神、身體不堪壓力的累積，有時當事人會罔顧一切善意的勸告而一意孤行以致鑄下大錯，有時會陷入人際關係的鬥爭之中，和敵人爭得死去活來。總而言之，冥王星衝突相火星時，自我的能量常偏向負面的發展，因此和自己及他人都無法和諧共存。這段時間最好少做事少惹事，一切以平安爲重。尤其要盡量除私欲，冥王星衝突相火星的最中心盲點就是個人的私欲，這是此衝突相製造罪惡的源頭。

冥王星推進本命木星的相位

合相（0度）：冥王星合相木星時，如果木星相位良好，常爲當事人帶來很大的成功，而因爲冥王星起死回生的特性，當事人在此時所經歷的成功，常有「柳暗花明又一村」、「置之死地而後生」之感。在我看過的星圖中，有人在公司瀕臨破產邊緣卻突然接獲大訂單，有人則因本業經營不當，失敗後卻因轉投資而東山再起，有人在事業低潮多年後又開創事業第二春，有人則在人生悲劇（如喪偶種種）之後，又因宗教信仰而重獲生命信心……。總而言之，冥王星合相木星時，代表了利益的起死回生，而這些利益可能是物質的，也可能是精神的、靈魂的。當事人在此時會充滿著希望、信心和樂觀，因此也自然利於從事各種的工作，如果當事人的靈魂進化程度較高，當事人在此時所從事的工作，都會具有「爲社會謀求大利益」的精神。

對相（180度）：冥王星對相木星時，當事人要特別小心自我意識受到木星擴張力量的催化而大量膨脹，當事人會變得十分狂妄、自大，自認自己是超人，可以凌駕一切道德、法律、倫理的束縛，因此敢於大膽從事一些法律邊緣、倫理邊緣的行爲，而引起了他人或制度的反彈。在我看過的星圖之中，有人因爲侵佔公司合夥人的利益而捲入糾紛，有人因爲遊走於兩岸法律漏洞而惹上麻煩，有人因處理合約不當而吃上官司等等。總而言之，冥王星對相木星時，總是和利益之爭有關，而不管哪一方的利益受損則常來自於缺乏尊重別人及私心自用。當事人若想避開這些不幸之事，端賴潛心的反省，千萬不要被一時的利益蒙蔽了良知，一定要堅持正義、公道、合理的行事作風，才不致於自找苦吃。

和諧相（120度）：當冥王星和諧相木星時，當事人會處於極和諧、正面的有利能量之中，當事人會覺得不管想改變什麼樣的人事、什麼樣的環境，做起來都得心應手、不費功夫，因此當事人可將這樣正面的能量用在改善人際關係，幫助家庭、親友、鄰居，增進工作的福祉，完成對社會有益之事。也可能用此能量來開拓個人更高層次的精神能量、獻身宗教性的追求、昇華人類的靈性。

此外，當事人在此時常會很自然地就擁有一些個人的權力，但當事人在使用權力時卻不會以個人私欲爲出發點，而是以社會公益爲目標，因此可讓當事人和社會分享有益於社會民生的公益。

衝突相（90度）：冥王星衝突相木星時，當事人要特別小心，不要執迷於過度的期望、野心、欲望。許多人在此時經常會被自己的正義感所欺，認爲自己絕對是對的，可以爲所欲爲。因此投身動物保護工作的人可以毆打虐待動物的人，爲國家爭取獨立的人可以侵犯異族，主張自己的一神教義的信徒可以發起宗教審判，這些都是冥王星衝突相木星可能發生的事，而所有的事都有一個共同的特徵，即「以善之名行惡之實」。不像冥王星和諧相木星時，當事人對他人社會的善意會帶給社會福祉，在冥王星衝突相木星時，當事人自以爲的善意、良知卻可能帶給社會及他人不幸。因此，當事人若明瞭自己的星圖，便可了解宇宙律的複雜多變，永遠沒有絕對的善與惡、好與壞，只有因時制宜的價值。

當事人在冥王星衝突相木星時，最好不要從事過激的行爲，不要以爲自己喜歡激烈的革命，社會就需要激烈的革命，否則照一己之欲而一意孤行，小則觸犯法律（冥王星衝突相木星常和逮捕有關），大則不利社會。

冥王星推進本命土星的相位

合相（0度）：由於冥王星代表了摧毀、重建、轉化現實的力量，而土星代表穩固、維持、保護現實的力量。兩者相遇，勢必展開激烈的爭奪戰，而不幸的是，土星如果越堅定不動如山，則冥王星勢必更加天崩地裂，非要扳倒土星不可。

因此，在冥王星合相土星時，當事人一定會感受到極大的壓力，覺得某種不可抗拒的力量已逐漸逼近，就像火山爆發前喧騰不已的地底熔漿一樣，只待衝破臨界點，大地就再也無法抗拒火山帶來的驚天動地的變化了。至於這些爆發、改變將在何種領域進行，則以土星所在宮位的影響最大。譬如土星在七宮，則當事人最可能天搖地晃的是婚姻的關係，在十宮則是事業，在十二宮則是當事人隱密的心理狀態。而除了各宮的性質外，土星本身代表的身體狀況、現實環境、物質狀態也會首當其衝。在我看過的星圖中，有人在此時經歷身體狀況的大重整（如動大手術），有人在此時面臨破產而後東山再起。

總而言之，冥王星合相土星時，一定會帶走某些東西，也許是財產、人際關係、婚姻、家庭、舊的生活方式等等，但奇怪的是，即使當事人在初遭毀損時悲傷不已，但隨後卻發現到冥王星雖然帶走一些事物，卻往往帶來新的、更好的改變，印證了「舊的不去、新的不來」這樣的話。

對相（180度）：冥王星對相土星時，和合相土星的最大不同在於，當事人往往會對即將發生的大轉變並無心理準備。不像合相時，當事人會心裡有數，那些舊事物不堪一擊。而同時，冥王星合相土星時常帶走舊的事物，並帶來新的取代品，但在對相時，舊有的事物消失就消失了，卻不保證必定會立即有新的事物塡補位置。因此對某些人而言，冥王星對相土星時，日子並不好過。常常大毀壞來得無影無踪，就像林肯大郡的災戶家園突然被毀、一場KTV大火奪去心愛的人的生命、股市崩盤讓多年積蓄化爲流水等等。

冥王星對相土星時，當事人常會感歎時運不濟，原因就在於冥王星、土星均爲宿命星，兩者相對立，自然不利於當事人，還好有些人一生最多遭遇一次冥王星對相土星（也有許多人根本遇不到這種狀況，因冥王星運行甚慢，約十七年以上才進一宮）。而且當冥王星對相土星時，如土星相位並非極凶，事態也不會太嚴重，有些人最多只會遭遇一些小損失，如失戀、賠小財或小疾小病，或做事多挫折、事業小不順等等。當事人只要抱著經歷一番風雨寒徹骨的心理，往往來日會開出更堅忍耐寒的生命花朵。

和諧相（120度）：如果說冥王星對相土星，是當事人最時運不濟之時，則冥王星和諧相土星時，則是當事人最鴻運當頭、春風得意的時候。當事人在此時常會有吉星降臨之感，通常會遇到某些好運，而和其他外行星的好運略有不同的地方在於，冥王星的好運維持的時間甚久，並且由於冥王星轉變現實的能力超強，因此當事人因好運所建立的事物便可延續相當長的時間。而由於冥王星運行的速度很慢，許多人一生中都碰不到冥王星和土星的和諧相，有的人則要等到七老八十時才碰得到，只有極少數的人能在三十、四十的英年期遇到。因此冥王星和土星和諧相往往和世代的、社會的大變遷有關，可用「時勢造英雄」、「英雄造時代」來形容這種力量。

衝突相（90度）：當冥王星衝突相土星時，常常是現實發生了極劇烈的改變，致使當事人所創造的、堅持的、維護的事物、人際關係、公司、家庭、生活方式、傳統價值變得不堪一擊。當事人常被迫接受外在事件的擺布而束手無策，許多當事人在此時都會產生一種天地不仁，以「我」爲芻狗的受害意識。由於冥王星的力量十分巨大神祕，而衝突相土星的可能性在一般人的一生中也不常出現，而出現時往往是一整個世代的影響，在我看過的星圖中，有些世代集體經驗了中國的內戰、逃難及家破人亡，有些世代集體經驗了第二次世界大戰，這些時代的悲劇力量往往超過個人意志所能控制，而至於這些時代的患難以何種方式反映在個人的小世界中，則要觀看土星、冥王星所在的宮位，以及冥王星、土星和其他星體之間的相位。譬如在戰爭中的人可能喪父、喪母、喪偶、喪子、喪親，有人可能失學、失婚、失業、失家，有人可能肉體遭受創傷，有人可能精神遭受打擊等等。

冥王星推進本命天王星的相位

合相（0度）：冥王星合相天王星，在一般人的一生中很難發生，只出現於極少數的人瑞身上，譬如說生於一九〇〇年初天王星在射手十度的當事人，要到二〇〇〇年才會遇到冥王星推進射手十度合相本命天王星。但對於生於一九六五、六六年時本命冥王星合相本命天王星的當事人，則一生都會受到這個合相輕微的影響。

由於冥王星推進合相天王星的影響通常具有強烈的時代性。例如對目前的百歲人瑞而言，從十九世紀活到二十世紀，絕對對意識有著無比的衝擊，如果當事人具有較高的靈性，又保持著靈敏的心智能力，此時是和宇宙信息溝通的好機會，而從其間產生出的生命智慧和透視，若能由當事人表達、傳承下去，將是人類集體意識開展之幸。只可惜目前有這種高度精神力量的老人並不多見。

對相（180度）：冥王星對相天王星，具有強烈的世代意義，當事人會共同經營一些時代的大變化。例如生於第一次世界大戰的戰爭嬰兒（一九一四年），竟然都會共同在中年時又經驗第二次世界大戰（一九四三年）。而生於全球經濟大恐慌（一九二九年）的當事人，卻又在一九七四年遭逢因石油危機而引起的世界經濟大衰退，這些奇妙地巧合，都說明了某些時代大變遷的力量是超乎個人對現實的控制與安排。而個人因應時代變遷之道無他，只有逆來順受與乾坤合一了。

和諧相（120度）：冥王星和諧相天王星時，當事人會經歷生活中非常創造性、建設性的改變。如果當事人已經做好了意識的準備，這個時期將是生命淨化、轉化、躍昇的重要時期。尤其對於具有靈性修養的人而言，在這一階段，許多人將獲得天啓，而嶄新的生活也將充滿各種正面的可能性，當事人將不費心力地調和變化（天王星）和轉化（冥王星）的力量，帶給自己的人生更廣濶的視野。

衝突相（90度）：當冥王星衝突相天王星時，當事人常會有種處於生命的十字路口之感，一方面想不顧一切徹底改變舊有的生活，一方面又執著於過去的模式。由於兩者衝突產生了極大的壓力，當事人在此時自然會覺得負擔沉重，再加上冥王星衝突相天王星時，除了帶給個人的壓力外，當事人也常發現自己的問題和當時的社會、政治、經濟有著密不可分的關聯。譬如說某個人所面臨的個人職業的選擇，深受當時經濟產業變化的影響。由於冥王星對相天王星，最終還是會帶給當事人急遽變遷的力量，因此當事人寧可主動順應潮流求變，千萬不要一味盲目抵抗潮流，以免擴大生活的危機。

冥王星推進本命海王星的相位

合相（0度）：冥王星合相海王星，帶來了非常深刻、微妙的心理轉化的力量，常使當事人在此時會經驗生命中非常重要的「蛻變」，而往往當事人在蛻變的當時並不完全了解發生了什麼事情。但隨著時日進展，當事人才越來越了解自己產生了多大的變化，要形容這樣的變化，最適合的描繪是一種「變身」的感覺。冥王星合相海王星的過程很像毛毛蟲要經歷過繭身才能變化成蝶，因此常有一段摸索遲鈍徬徨的時期，不像冥王星合相天王星的變化是立即變出分身。

在冥王星合相海王星時，當事人常常要經過好幾年的時間，徘徊於舊有的人際關係、工作、習慣等等，一面想著放棄過去，但又不知道如何開展未來，當事人在此時若能求助於心理分析，將可幫助當事人釐清思想的混沌。通常當事人在此時會開始對玄學、靈學大感興趣，有人可能到處求神問卜，希望神明指點迷津，有人則可能開始研究命理學，希望了解命運的軌跡，有人則經常和自己的潛意識對話，然後，慢慢地，生活開始發生點點滴滴的變化，然後當事人開始走出了繭，變身完成了。而這個階段奧祕的心理過程也將永遠留在當事人的記憶之中。

對相（180度）：由於冥王星和海王星的軌道漫長，因此冥王星對相海王星的相位，在本世紀及下個世紀的人而言，都不會在個人星圖上發生，故不在此討論。

和諧相（120度）：冥王星和諧相海王星的相位，也不會在本世紀及下世紀出現，但在此我們則改為討論較輕微的「調和相」（60度）的影響。從本世紀四〇年代至世紀末，一般人在五十多歲左右時都會遇到冥王星調和相海王星。這個時期是大部份的人開始必須面對生死的思考、靈魂是否永恆、生命的意義這類的問題。許多人都在此時開始親近宗教，以求了解生命深層的奧祕。而孔子所說的「五十而知天命」也可做冥王星調和相海王星最好的註解。不過，由於冥王星、海王星是神祕莫測的外行星，這些行星的訊息即深藏在無意識之中，因此當事人若想在意識上了解這些訊息，則必須主動打通意識通往無意識的管道。

衝突相（90度）：當冥王星衝突相海王星時，對本世紀出生的人而言，都將發生在當事人近七十、八十之時。在這段時間內，當事人很容易受外在事件的影響而導致精神的不穩定與混亂，譬如說有些人在此時因喪偶而導致精神的孤立、因經濟的困難而極度的無安全感、因身體的衰老而生命力低落等等。這些都是老年人常有的問題，而如果當事人一直都缺乏靈性的覺醒，在冥王星衝突相海王星時，更容易受低靈的影響，許多老年人會覺得生命空虛、生活無意義，有些人在極度沮喪的情況下都會有了結生命的念頭。因此家中若有長者正經歷此一困難時期，身邊的親友要特別注意在此時要多給予心靈的撫慰。

冥王星推進本命冥王星的相位

合相（0度）：由於冥王星運行一周平均需要兩百四十八年，除了神仙之外，沒有凡人能活這樣的歲數。對絕大多數的人而言，活過冥王星半圈（對相）的機率也很小。不過，在神話中，卻有不少神人可活兩百多歲，甚至千歲。而科學家也發現，如果人類在最好的條件下生活，人類要活到兩百多歲是可能的，只是目前做不到而已。如果人類在未來的世紀能逐漸地增加壽命，到人類可活完冥王星週期時，或許人類才有可能在生命旅程中達成靈魂的轉化。

對相（180度）：冥王星對相冥王星，是目前絕大部份人類活不到的歲數，但在未來兩三世紀後，卻有可能成爲較多人的長壽高齡。生命在那個階段，將會有巨大的變化，人類的身心靈都必須大量地調整才有可能迎接冥王星對相時產生的高度轉化力量。屆時，人類可能會面臨許多的變形，例如部份的身體功能和機器人合併、電腦晶片和神經元共通等等。這些像未來科幻小說的變化勢必對心理有重大的影響。在冥王星對相冥王星時，人類的精神結構將會有結構性的大摧毀與重建。

和諧相（120度）：冥王星和諧相冥王星時，在本世紀時，大都發生在當事人已經八十、九十歲時，這是冥王星轉化的重要階段。當事人若開放意識好好迎接，將面對生命演化過程中精神昇華的關鍵點，很多人在這個時候，已經逐漸邁向不可抗拒的死亡之旅了。而死亡的門後極可能深藏著比生命更豐富的神祕世界，而當事人在此時若已準備好了，將可懷著自覺地、智慧地迎向這個創造性的過程。冥王星和諧相冥王星，最重要的功課即學習如何將宇宙「成住壞空」的自然演化與個人生命的「成住壞空」結合成一體，領悟最眞實的天人合一。

衝突相（90度）：冥王星衝突相冥王星，對本世紀出生的人而言，約莫發生在當事人四十左右，因此正好處在「中年危機」階段的高峰期。而所謂的中年危機，原本就源於一系列星辰週期的緊張對立（如木星對相木星、天王星對相天王星、冥王星衝突相冥王星……）等等，這些行星的能量帶來了心理的危機與轉機。

在冥王星衝突相冥王星時，當事人通常會遇到一些生命情境，讓其重溫一些過去的事件，有時人們在此時會常常遇到從前的戀人、過去的友朋、昔日的同事等等，讓他們回想起消逝的歲月、事件及經歷。而這些回憶不盡然是愉快的，但是，讓當事人不愉快，正是這個階段力量的重點，就好像衣服的汚垢需要強力的水流去清洗，生命中有些積累的陳垢也需要不斷的記憶去洗滌轉化。冥王星衝突相冥王星時，即是讓人們將生命中某些底層的汚穢、黑暗大掃除的時候。這個階段，不是人們運用宇宙創造能量、發揮生命之時，而是人們運用宇宙摧毀能量提昇生命之時。因此在此中年危機的生命中站，當事人如果一直昧於俗務，成天鑽營及苦惱現實，只會白白地浪費了這個把人生危機變成生命轉捩點的好時機。

推進實例解說

「弱者」陳進興的惡魔命運

陳進興挾持人質的當夜，幾位朋友來電詢問我陳進興是否會自殺等等，從查看陳的星圖得知，陳的死期似乎還不到，因此，我推算他應當會投降，果然在等了二十多小時後，這位轟動台灣犯罪史的頭號罪犯終於俯首就擒了。

從陳進興的星圖上來看，他確實具有許多犯罪的潛能，這些潛能就彷彿命運的詛咒加諸在身一樣，碰上了流年流月流日星辰的推進（Transit），某些「邪惡」的潛能就像聽到了惡魔的召喚一樣地活動起來，逼使命運的當事人成爲「天道不仁，以萬物爲芻狗」的奴隸。

但是，當事人是否有罪呢？如果他只是服膺命運的本能。然而道德和法律的制度本來就是超越宿命的，當事人當然有罪，因爲他是「人」，具有的不僅是動物的本能，還應當擁有人類自性和超越命運本能的靈魂意志。如果家庭、學校、社會或他個人都無法喚起任何星圖中都蘊藏的自性，而當事人又無能力自我覺察自己命運中暗存的動物性侵略本能時，在無法控制「自我」的情況下，人類就會如同任何的野獸一樣，「只做自己想做的，又有什麼不可以？」

別困惑爲什麼陳進興可以愛自己的妻子和小孩。看看原野上的動物，愛自己的家人是動物本能，並不是什麼了不起或獨特的人類情操。

從人類演化的觀點而言，陳進興這一生的成績很失敗，他雖然盡量自我表現要當一個「強者」，但還是個很悲哀的「弱者」，一個向自己不幸的命運低頭的弱者。因爲他從未領悟人類最偉大的力量並不需向外求，而是向內求得自我控制和自我提昇的力量。他迷信錯誤的外在權力，藉著摧毀及凌虐別人來滿足自己的權力欲，這樣的罪犯和暴君屬於同樣的類型，只不過制裁罪犯很容易，要制裁暴君卻較難。因此當陳進興說他如果能重活，他要「好好讀書，官做得越大越好」，這不是浪子回頭的金言，這是他悔恨自己做了「笨的壞人」，而不是去做「聰明的壞人」。陳進興的犯罪史不外乎想要金錢、女色、權力，而這些東西有許多人靠著更高明的白手套犯罪去取得，無怪乎陳進興這樣的罪犯會心生「命運不公」的感歎了。

造成陳進興犯罪的最大力量，源自他星圖上冥王星處女二度與火星射手六度的九十度衝突相，尤其他的本命冥王星處於逆行，又位於五宮，使他「天生」具有性變態的本能和需要。再加上火星在八宮，使他的性需要和金錢需要都有用暴力獲得的傾向，這樣的基本缺陷構造，在流年推波助瀾的負面力量影響下，就很容易出事。譬如在民國六十五年十一月、十二月間，他的流年火星射手入八宮和本命火星射手會合，又成九十度衝突相和本命的冥王星處女二度再成九十度角。這時才十八歲的他就因結夥搶劫案而在一審中被判無期徒刑，之後二審改判十五年徒刑。這股邪惡的力量在一九九七年四月份，當流年冥王星和本命的火星合相，再度牽動本命冥王星和火星的本命九十度衝突相，這時陳進興夥同高天民、林春生犯下了更嚴重的白曉燕案，之後的半年多，由於流年冥王星走勢緩慢，一直在八宮內的冥王星和火星合相的關係，激起了最困難的八宮的性、權力、金錢的負面力量交纏糾葛不斷，使得陳進興犯下可能是台灣犯罪史上最可怕的連續強暴性犯罪案，又同時犯下數樁綁架勒贖案。

陳進興極盡地誤用了八宮的暴力，但是命運也有其「以牙還牙」之處，本來冥王星和火星的九十度衝突相，以及本命火星在八宮，以及流年冥王星入八宮成衝突相種種相位，也都象徵了當事人會死於暴力，陳進興不選擇自裁，因此未來制裁他的將是合法化的死刑「暴力」，使其「死於非命」但也「死於命定」。

除了火星在八宮外，陳進興的土星也在八宮裡。土星代表一個人今生今世會遇到的最主要的考驗與難關，土星八宮人容易和他人引發金錢、死亡和權力的交戰，而陳進興在面對這些考驗時，通通採取了最負面的反應。他貪圖別人的錢財、任意處置他人的生命、蔑視他人的身體及生存權等等，這種壞事做盡的心理動力究竟來自何處呢？這個問題就必須從星圖上的其他處著眼了。

陳進興有個逆行（所有的逆行都會帶來不吉的作用力）的天王星在四宮，四宮代表和父親的關係，天王星逆行在此，造成他和父親根本無緣（陳進興生父不詳），而且也反映了他的父親可能是個很不穩定、不負責任又無法依靠的角色。四宮也可看出幼年成長的環境，除了無父之外，陳進興的家庭環境也不可能穩定，小時候一定常常換住所，人際關係也可能聚散無常，這點將造成陳進興的內心世界（四宮的高層意義是個人的內心之家）的顛沛流離，缺乏歸屬感與穩定性。再加上四宮的天王星和十一宮的金星成了一百八十度的對相，使得陳進興的感情形態也很不穩定，他是個愛憎十分極端、喜惡兩極化且陰晴不定的人，很難和人建立親密可靠的關係（他對家人也不可能是好來好去，而是好的時候很好，但壞起來會翻臉不認人）。金星在十一宮又成剋位，也代表他結交的朋友以酒色財氣、同流合污居多。

陳進興和父親無緣，朋友又多非善類，他生命中可以依靠的對象還有誰呢？他的月亮在一宮，代表了他對母親及生命中重要的女性角色充滿了強烈的依戀，但這個撫慰的力量卻又因爲本命月亮和海王星成一百八十度而宣告落空及幻滅。陳進興的母親想必也是個混亂、迷失、受苦，甚至會有點輕微精神異常的角色，這樣的母親也是無法讓子女依靠或求取人生引導的人。月亮和海王星的對相除了可看出陳進興和母親的關係，也同時可看出陳進興的內心情緒也容易陷入混亂、自欺、異想天開的狀態中。

至於陳進興和妻子的關係，許多人都以爲陳進興表現出很愛張素貞的樣子就代表他愛她。問題沒有這麼簡單，陳進興的七宮伴侶宮中雖然有貴人星（北交點）及木星，表示張素貞確實「有恩於」陳進興，對他的幫助及協力一定不少，但海王星受剋在此，也代表兩個人的關係中充滿了各種的欺騙和幻相，而有一方肯定是另一方的受害者，同時受剋的海王星也顯示了張素貞也有可能有某種程度「精神異常」。其實大家只要想想張素貞那雙空洞的眼神和面無表情的臉，就應當有所感應張素貞的性格中一定有些值得探討的異常處。

陳進興的星圖中位置較好的是位於九宮的太陽摩羯座及水星射手（但偏偏又逆行，表示思想容易偏差）。這兩顆星（尤其是太陽和月亮及冥王星均成一百二十度和諧相）；代表了他具有過人的意志力及聰明，從他在和媒體記者的電話訪談中一再嘲笑警方笨以及不時炫耀他自己的機敏，即可看出他對自己的意志及才智的驕傲。但偏偏從出生起大運就一路走得顛簸不順的他，從十三歲起就因竊盜罪交付感化教育。之後，他不僅未受感化（怪不得許多人都稱台灣的少年感化所是成年罪犯養成所），也失去了求知上進的機會，使得他的九宮難以發展。九宮除了代表高層的知識，也代表宗教、靈性、哲學與外國事務及人士。陳進興從小也沒有宗教緣，但在和記者談話中，他洩露逃亡半年多後，卻開始覺察了宇宙的天意，也開始相信因果與業報，相信他自己來世要還這一輩子的債。

不過，從陳進興綁架了外國武官家人，而言語中一再表示知道政府與媒體均會重視涉及外國人的案子，而同時除了宣稱誤開槍傷及武官及大女兒外，他對另位兩位外國母女均表現了較多的客氣，這倒也表現出了他太陽在九宮的特性。

談了這麼多陳進興的星圖，彷彿只在說一切都是注定的，那麼人們還研究占星學做什麼？占星學難道只能預測及爲已發生的事找原因？像陳進興這種先天構造不良，再加上後天行運更差的星圖，是否有趨吉避凶的可能性？

當然有，只是改造命運的工程非常浩大，但仍有幾條路可走：首先，如果陳進興幼年有機緣（這就牽涉到因果了）能送到外國去教養，只要離開出生地，他的命運發展將有新的「換置星圖」，那麼他的冥王星將不落在五宮，土星、火星也不在八宮內。這樣的他，仍然會有因冥王星火星的衝突相及其他種種剋相，依然會反映出某些暴力因素，但爲惡的力量將減弱許多。再者，如果不能離開出生地，如果陳進興身處的環境有非常嚴格的法律（如中東社會），或他本人相信且遵守任何的宗教戒律（佛、基督、回教等不拘），如果他眞的守戒，那就如同在他星圖上的命運密碼中寫下新的指令，當然會對其行爲造成約束力。第三，如果陳進興能夠早明白自己星圖中命運的密碼，了解過去、現在、未來都是一體的，那麼眞的可以覺察未來的人，自然不會聽從命運的本能而如飛蛾撲火一樣葬身於自己命運的陷阱中。但這樣的自我覺察需要極高的靈性，而今日人類的社會鼓勵這種靈性嗎？如果許多人連占星學都只用來關心妻財子祿、升官發財等等，那麼人類的命運都將像擲骰子一樣，「輪到好命」的人沾沾自喜，享盡榮華富貴的同時也許造業不少，「輪到壞命」的人除了感歎報應外也不肯爲善。

我們今天都是陳進興命運戲碼的觀衆，如今他的死刑已定，除了人人曰可誅外，面對像這樣的命運悲劇，我們眞正了解了多少？而我們身邊還有多少「隱藏的陳進興」在等待惡魔命運的召喚呢？

陳進興一輩子想做強者，但他卻成爲眞正的弱者，他根本不了解降臨在自己命運的挑戰，他浪費了這一世可能進化的命運，但這樣對無明命運一無所知的人，只有陳進興嗎？當家庭、學校、社會、法律都失效的同時，人性還有什麼依靠呢？

眞正的占星學是研究生命方程式的學問，而人類的生命奧祕就像一個量子電腦一樣，蘊藏著以兆爲單位的指令，越了解這些指令，我們越有可能修改指令，而輪迴的意義將有更積極及進化的價值。每一個命運的悲劇，都蘊藏了洗滌人心、提昇人性的力量，然而，我們的社會是否懂得善用悲劇的力量，而不是只讓悲劇成爲刺激剝削人們感官的膚淺荒唐的新聞秀？

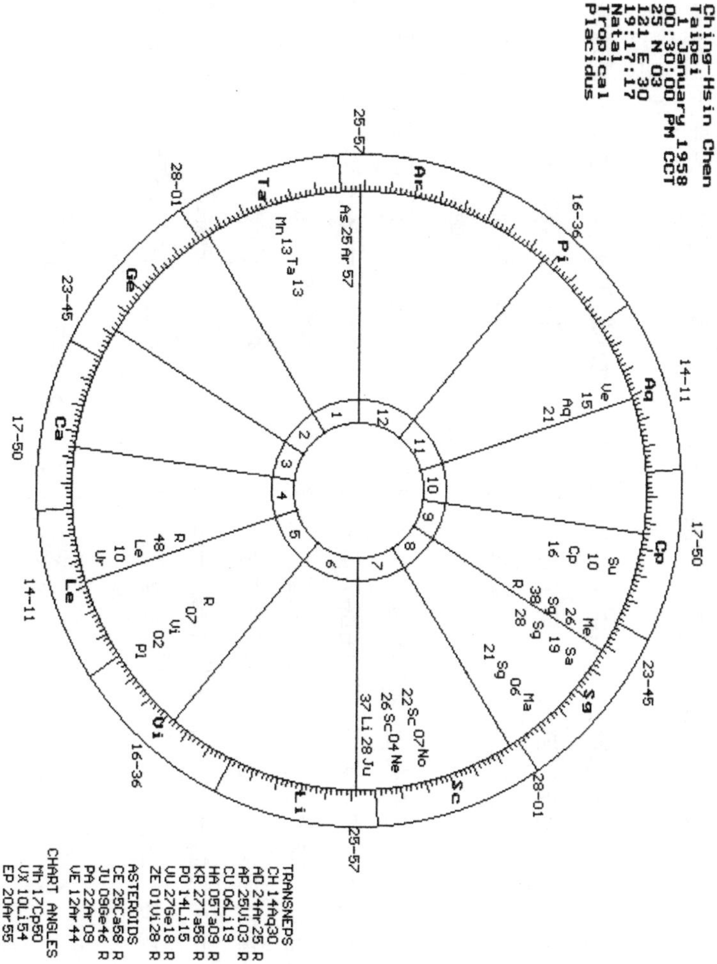
Ching-Hsin Chen
Taipei
1 January 1958
00:30:00 PM CCT
25 N 03
121 E 30
19:17:17
Natal
Tropical
Placidus
TRANSNEPS
CH 14Aq30
AD 24Ar25 R
AP 25Vi03 R
CU 06Li19
HA 05Ta09 R
KR 27Ta58 R
PO 14Li15
VU 27Ge18 R
ZE 01Vi28 R
ASTEROIDS
CE 25Ca58 R
JU 09Ge46 R
PA 22Ar09
VE 12Ar44
CHART ANGLES
Mh 17Cp50
Ux 10Li54
EP 20Ar55

附錄一：書中重要名詞解說

①黃道帶：有西方占星學用春分點算起的「回歸黃道」，以及印度占星學用固定恆星標定的黃道「恆星黃道」。黃道為一年當中太陽在天空所行經的路徑，也是地球的軌道面在天球中形成的大圓圈在路徑上的繁星點點。古代天文學家便依這些群星組成不同的象徵圖形（如動物、器物、礦物、神話人物等等）劃分為不同的星座，有劃分為十八星座、十四星座、十二星座不等。古巴比倫占星學則以較容易劃分為三十度十二等份的十二星座為黃道十二星座，並根據不同的象徵圖形取各為不同的星座圖騰（如射手座、寶瓶座等等）。

②星圖：由某一特定時間及地點所繪製的天宮圖，可顯示出黃道、行星、上昇、下降、天頂、天底、宮位與十二星座。由個人出生時間、地點所訂的為「誕生星圖」，由國家誕生時間、地點所訂的為「國家星圖」，由事件發生時間、地點所訂的為「事件星圖」。

③星宮：由地球上任何一個位置看去，天空很自然地分為四個區域（東方地平線到南

方子午線，南方子午線再到西方地平線，以及地平線以下兩個相對應的區域）。每一區域再分三等份成爲星圖上的全部十二星座。

④**角度**：上昇及下降的角度是黃道與地平線的交會點。天頂（MC. Midheaven）及天底（IC. Imum Coeli）的角度是黃道與當地子午線的交會點。這四個角度分別是一、四、七、十宮的交界。接近這些角落的行星在星圖上有特殊的重要性。

⑤**球差**：在正確相位（0度）兩邊使相位乃能產生作用的容許度數。

⑥**逆行**：從地球上看行星（不包括太陽及月亮），可能在黃道上某些時候行星好像會出現後退的現象（這是由於行星與地球在太陽的同一邊）。逆行作用在輪迴占星學中具有重要的意義，通常代表行星的負面作用受到特別的強調。

⑦**校正星圖**：當出生時間無法準確至半小時內，或者根本不知道時，藉著時間的測量法來測試過去發生的主要事件以推算出正確的時間，這個方法是最可考驗占星學家是否有功力可言。

⑧**變位**：當事人離開出生地，根據新的地點而重繪的後天星圖，可顯示當地的影響性，即中國人所說之「地運」。

⑨**配對**：根據兩個或更多星圖，找出之間的行星與宮位的相容性。

⑩剋相：個人星圖中與他人星圖的行星形成困難的相位（如對相、衝突相），或行星的星座特質形成互相干擾的性質。

⑪推進：星體週期性地走過黃道，和誕生星圖中的星體產生的相位關係（如合相、對相等等），星體的週期位置可從天文曆中查出。推進可看出重大的生命歷程，週期快的行星影響期較短，週期慢（如天、海、冥三星）的星體影響期較久。

⑫移位：由出生之後每天星體的位置代表未來生命的每年，如太陽一度一年，月亮一度一個月等等，移位法的方式衆多，尤其受阿拉伯、印度、中國的星象學重視。與推進恰好相反，週期快的星體影響力較清楚，週期慢的影響力較不清楚。

⑬相位：黃道上任意兩個星體彼此之間的弧度（距離度數），如180度、90度等等。

合相（0°±8°）：強調、加強正面或負面的作用力。

對相（180°±8°）：互補或對抗、緊張。

合相（120°±6°）：好運、合作、事半功倍。

衝突相（90°±6°）：障礙、困難、挑戰。

⑭循環：指任何星體回到星圖上所標示的黃道位置，木星循環每十二年一圈，土星循環每二十九年半一圈。

⑮**小行星**：太陽系中直徑大約爲一公里至一千公里，繞日而行的小天體，大部份小行星位於火星與木星之間，極少數位於水星與火星之間。

⑯**天文曆**：一個列有每天（通常是格林威治中午或晚上十二點）的星體位置及其他資訊（如恆星時間、日月點、日月蝕等等）。天文曆可由占星網站上取得，或購買專書。

附錄二：專家推薦占星網站

①Vastro 網址：http://www.vastro.force9.co.uk

這是由占星家芮琳達（Linda Reid）主持的網站，網站上提供由基金會主辦的免費占星學課程給初學者及欲深入研究者。占星學課程分成不同的階段，由專業的占星學家擔任指導教授。

這個網站包羅萬象，如想獲取個人星圖的人可以進入astrodienst on line，如想閱讀占星學文章者，可進入astrology articles。

②Metalog 網址：http://www.astrologer.com

這個網站同時提供免費與收費的電腦軟體可供選擇，如果想獲得天文曆資料，可進入The 4Elements查詢。

★推薦超優級網站

③Astrolabe　網站‥http://www.alabe.com

這是個相當專業的占星網站，由兩位世界頂尖的占星學家麗莎格林及羅伯翰製作的電腦軟體提供服務，因此是要收費的。可選擇的服務非常多，從個人簡單占星軟體圖、關係星圖到個人分析心理星圖及推運星圖等等。但這個網站使用的英文要有一定英文閱讀水準才行。

④Kepler　網址‥http://www.patterns.com

這個網站提供不少占星學的技巧，從星圖的製作原理到相位的計算，以及一些天文現象的計算等等，使用的英文較簡單。

⑤Magitech　網址‥http://www.magitech.com

內有一些常用的占星程式、星座符號等等。本網站強調占星學技術面的介紹，像基本工具書。進入大網站後，可選擇進入pub或是Astrology的聯結網站。

附錄三：占星符號說明

行星	Planet	象徵	意義
太陽	Sun	生命的本源	精力、能量、父性功能
月亮	Moon	生命的鏡子	感覺、情緒、母性功能
水星	Mercury	信使	思想、溝通、知性表現
金星	Venus	愛神	情感、價值觀、吸引力
火星	Mars	戰神	欲望、行動力、性衝動
木星	Jupiter	先知	追尋、智慧、機會
土星	Saturn	宿命神	責任、限制、阻礙
天王星	Uranus	革命者	變化、覺悟、瓦解
海王星	Neptune	巫師	直觀、靈性、理想主義
冥王星	Pluto	死亡與復活神	摧毀、新生、轉型

星座	sign		主管星	字訣
牡羊座	Aries	♈	火星	我爭先
金牛座	Taurus	♉	金星	我擁有
雙子座	Gemini	♊	水星	我思考
巨蟹座	Cancer	♋	月亮	我感覺
獅子座	Leo	♌	太陽	我是我
處女座	Virgo	♍	水星（凱龍星）	我分析
天秤座	Libra	♎	金星（小行星）	我平衡
天蠍座	Scorpio	♏	冥王星	我欲求
射手座	Sagittarius	♐	木星	我追尋
摩羯座	Capricorn	♑	土星	我使用
寶瓶座	Aquarius	♒	天王星	我知道
雙魚座	Pisces	♓	海王星	我夢想

宮位	house	領域
一宮	牡羊座宮	脾氣、長相、意志、個性、出生環境
二宮	金牛座宮	個人的金錢、擁有物、自我價值
三宮	雙子座宮	個人的心智、溝通、近親、基本教育、大衆媒介
四宮	巨蟹座宮	個人的家庭、童年、內心之家、父母之一
五宮	獅子座宮	小孩、投機、戀愛、嗜好、娛樂
六宮	處女座宮	健康、勞動、服務
七宮	天秤座宮	伴侶、配偶、合夥人、公開敵人
八宮	天蠍座宮	他人的性、金錢、權力、佔有物、共產、死亡
九宮	射手座宮	哲學、宗教、長途旅行、外國文化、高等教育
十宮	摩羯座宮	野心、地位、事業、公共形象、社會的家
十一宮	寶瓶座宮	友誼、願望、社團、同盟、人類大家庭
十二宮	雙魚座宮	夢、潛能、潛意識、靈界、業報、祕密敵人

星星的週期表

行星符號	中文名	英文名	每日移動度數 度。分，秒〃	繞行走道一周的時間	停留在每一星座的時間
☉	太陽	Sun	1°	1年	30日
☽	月亮	Moon	13°	29½日	2½日
☿	水星	Mercury	1°23'	88日	14～18日
♀	金星	Venus	1°12'	225日	23～24日
♂	火星	Mars	31'27"	1年325日	5週～2個月
♃	木星	Japiter	4'59"	12年	1年
♄	土星	Saturn	2'1"	29½年	2½年

♅	天王星	Uranus	42”	84年	7年
♆	海王星	Neputune	24”	164年	14年
♇	冥王星	Pluto	15”	248年	20年
☊	羅睺	N.Node	3’20”	186年	1½年
☋	計都	S.Node	3’20”	186年	1½年

愛情全占星

韓良露 著

●定價240元

你，和你過去的、現在的、未來的愛情，都在星星裡。

你相信嗎？

韓良露，她是藝文圈內人人口耳相傳的超級占星大師。旅居倫敦時，潛心研究倫敦學派的「深層占星學」。本書是她集數十年占星心得的大成。其中包含：

★占星合婚，遊戲式的戀愛，愛與性的心事星情。

★愛情中的迷惑、激情、暴力與救贖。

★顛覆倫理的天王星之愛。

★金錢觀與性愛的占星對話。

★家庭之愛與擇偶的相互關係。

書中不只從完整星盤的角度談現象，更直接切入各種愛的最幽深原始驅力處解析，是一本應該精讓的經典占星愛情書。

人際緣份全占星

韓良露 著

每個人都是宇宙中獨立發光的星子，運行在人世間，人與人之間的緣份，就像交會而過的星星們。

占星配對法，是占星學中用來了解人際關係和緣份時，最常使用的方法。

書中提供：

・最精確的了解人際關係緣份和技巧的方法。
・可以清楚分析自己和所有人的緣份關係。
・預測人際之間可能會發生的事件。
・驗證人際關係背後的潛意識層面。
・讓你對人際關係有更多了解與寬容。

這本深入探討人際緣份與關係的占星書，詳列出人與人之間可能會發生的各種相位關係。可以讓你了解自我及人際關係，面對生命中所有會發生的事，進而學習面對生命之旅。

◉定價210元

寶瓶世紀全占星

韓良露 著

我們正站在世紀末的轉捩點上，一面回頭端詳著過去的歷史，一面向前嘗試遠眺未來。

本書探討了人生的生命週期、教育成長、感情世界，以及宗教信仰等人類發展的重要範疇。本書不只是一本書，更是占星學家對過去地球文明的觀察，對未來千年的預測，以及一種未來精神的宣示。

◉定價260元

國家圖書館出版品預行編目資料

生命歷程全占星／韓良露著. --初版. --臺北市：方智，1999［民88］
面； 公分. -- （全占星；4）

ISBN 957-679-645-8（平裝）

1. 占星術

292.22 88006699

ISBN 957-679-645-8

方智出版社
FINE PRESS
◎全占星④
生命歷程全占星
作　者／韓良露
發行人／曹又方
出版者／方智出版社股份有限公司
地　址／台北市南京東路四段50號6F之1
電　話／二五七九六六〇〇（代表號）
傳　眞／二五七九〇三三八・二五七七三二二〇
郵撥帳號／一三六三三〇八一　方智出版社股份有限公司
登記證／行政院新聞局局版台業字第四三六一號
責任編輯／吳美瑩
校　對／韓良露・謝翠屏・吳美瑩
美術編輯／王祥樺
法律顧問／詹文凱
印　刷／祥峯印刷廠
一九九九年七月　初版
●定價280元

Printed in Taiwan

廣告回函
北區郵政管理局登記
證北臺字1713號
免貼郵票

105
台北市南京東路四段50號6樓之一

圓神、方智出版社 收

寄件人：

地址：　　市／縣　　鄉鎮／市（請用阿拉伯數字書寫郵遞區號）

路（街）　段　巷　弄　號　樓

電話：（宅）　　（公）

圓神、方智出版社——讀者服務卡

閱讀時光，無限美好。

謝謝您也歡迎您加入我們！為了提供您更好的服務，**我們將不定期寄給您最新出版訊息、優惠通知及活動消息**，但是要先麻煩您詳細填寫本服務卡並寄回本公司（免貼郵票）。

＊您購買的書名：______________________

＊購自何處：　　　　市（縣）　　　　書店

＊您的性別：□男　□女　　婚姻：□已婚　□單身

＊生日：　　年　　月　　日

＊您的職業：□①製造　□②行銷　□③金融　□④資訊　□⑤學生　□⑥傳播　□⑦自由　□⑧服務　□⑨軍警　□⑩公　□⑪教　□⑫其他____

＊您平均一年購書：□①5本以下　□②5-10本　□③10-20本　□④20-30本　□⑤30本以上

＊您從何得知本書消息？

□①逛書店　□②報紙廣告　□③親友介紹　□④廣告信函　□⑤廣播節目　□⑥電視節目　□⑦書評　□⑧其他____

＊您通常以何種方式購書？

□①逛書店　□②劃撥郵購　□③電話訂購　□④傳真訂購　□⑤團體訂購　□⑥銷售人員推薦　□⑦信用卡　□⑧其他____

＊您希望我們為您出版哪類書籍？

□①文學　□②普通科學　□③財經　□④行銷　□⑤管理　□⑥心理　□⑦健康　□⑧傳記　□⑨婦女叢書　□⑩小說　□⑪休閒嗜好　□⑫旅遊　□⑬家庭百科　□⑭其他_____

給我們的建議：……………………………………

……………………………………

圓神出版社　劃撥：18598712　帳戶：圓神出版社有限公司
方智出版社　劃撥：13633081　帳戶：方智出版社股份有限公司
電話：(02) 2579-6600　傳真：(02) 2577-3220